Zu diesem Buch

Der Titel «Wege zur Gelassenheit» sagt bereits aus, daß es viele Wege gibt, um gelassen zu werden, und nicht nur eine einzige Patentlösung. Der Psychologe Peter Lauster versteht unter Gelassenheit und Souveränität keineswegs eine dominante Überheblichkeit, sondern eine innere seelisch-geistige Distanz. Für besonders wichtig hält er die Bereitschaft, sich zu öffnen, um die Umwelt und die Mitmenschen unvoreingenommen wahrnehmen zu können. Wie schon in seinen früheren Werken möchte er auch mit diesem Buch seine Leser zu mehr seelischer Unabhängigkeit, Gelöstheit und Gesundheit mitführen.

Dipl.-Psychologe Peter Lauster, 1940 in Stuttgart geboren, studierte Psychologie, Philosophie, Anthropologie und Kunstgeschichte. Seit 1971 leitet er die «Praxis für psychologische Diagnostik und Beratung». In den letzten Jahren beschäftigte er sich verstärkt mit der Erforschung sozialer Phänomene, die den Menschen neurotisieren. Seine Sachbücher erreichten bisher eine deutschsprachige Gesamtauflage von über 1,5 Millionen Exemplaren und erschienen in sechzehn Ländern.

Von Peter Lauster sind als rororo lieferbar:
«Begabungstests» (Nr. 6844)
«Lassen Sie der Seele Flügel wachsen» (Nr. 7361)
«Die Liebe» (Nr. 7677)
«Lebenskunst» (Nr. 7860)
«Liebesgefühle» (Nr. 8365)
«Die sieben Irrtümer der Männer» (Nr. 8499)

Peter Lauster

Wege zur Gelassenheit

Souveränität durch innere Unabhängigkeit und Kraft

rororo

Rowohlt

331.–350. Tausend Oktober 1992

Veröffentlicht im Rowohlt Taschenbuch Verlag GmbH,
Reinbek bei Hamburg, Januar 1986

Umschlagentwurf Klaus Detjen
Federzeichnungen im Text von Peter Lauster
Satz Garamond (Linotron 202)
Gesamtherstellung Clausen & Bosse, Leck
Printed in Germany
890-ISBN 3 499 17961 X

«Da alle moralische Verantwortlichkeit des Menschen von seinen Wertempfindungen bestimmt wird, muß dem epidemischen Irrglauben entgegengetreten werden, daß nur dem Zähl- und Meßbaren Wirklichkeit zukomme. Es muß überzeugend klargemacht werden, daß unsere subjektiven Erlebnisvorgänge den gleichen Grad von Realität besitzen wie alles, was in der Terminologie der exakten Naturwissenschaften ausgedrückt werden kann.»

KONRAD LORENZ

« Wir wollen heiter Raum um Raum durchschreiten,
an keinem wie an einer Heimat hängen,
der Weltgeist will nicht fesseln uns und engen,
er will uns Stuf' um Stufe heben, weiten.
Kaum sind wir heimisch einem Lebenskreise
und traulich eingewohnt, so droht Erschlaffen,
nur wer bereit zu Aufbruch ist und Reise,
mag lähmender Gewöhnung sich entraffen.
Es wird vielleicht auch noch die Todesstunde
uns neuen Räumen jung entgegensenden,
des Lebens Ruf an uns wird niemals enden ...
Wohlan denn, Herz, nimm Abschied und gesunde!»

HERMANN HESSE

Inhalt

Vorwort zur Taschenbuchausgabe

Der gemeinsam mit dem Verlag ausgewählte Titel ‹Wege zur Gelassenheit› bringt zum Ausdruck, daß es viele Wege gibt, um gelassener zu werden, nicht nur eine einzige Patentlösung. Ein einfaches Rezept oder eine schnell anwendbare Psychotechnik, die direkt zu innerer Ruhe und Gelassenheit führen würde, kann dieses Buch nicht anbieten. Ich versuche allerdings Mut zu machen, sich der eigenen psychischen Situation zu stellen und mit allen selbstbetrügerischen Lügen darin aufzuräumen. Das Buch möchte viele Impulse zum Nachdenken geben, die eigenen Gefühle, Gedanken, Lebenspläne, Hoffnungen und Erwartungen mit neuen Augen zu sehen. Und dieser Vorgang kann sehr ‹spannend› und auch ‹hilfreich› sein, wie mir viele Leserinnen und Leser nach Erscheinen der ersten Ausgabe geschrieben haben.

In diesem Buch fasse ich meine bisherigen Erkenntnisse zusammen und komme zu dem Ergebnis: ‹Loslösung ist die Lösung› für die meisten psychischen Probleme, die oft nur deshalb Probleme sind, weil ein Festklammern zu Verspannungen und Verkrampfungen führt. Ich verstehe das Wort Gelassenheit also vor allem als Gelöstheit und in gar keinem Fall als Nachlässigkeit oder gar unberührbare Gleichgültigkeit.

Peter Lauster, Köln, im Oktober 1985

1
Gelassenheit entsteht durch Loslassen

«Wir müssen lernen,
gegenseitig unsere Theorien umzubringen
statt uns selbst.»

KARL POPPER

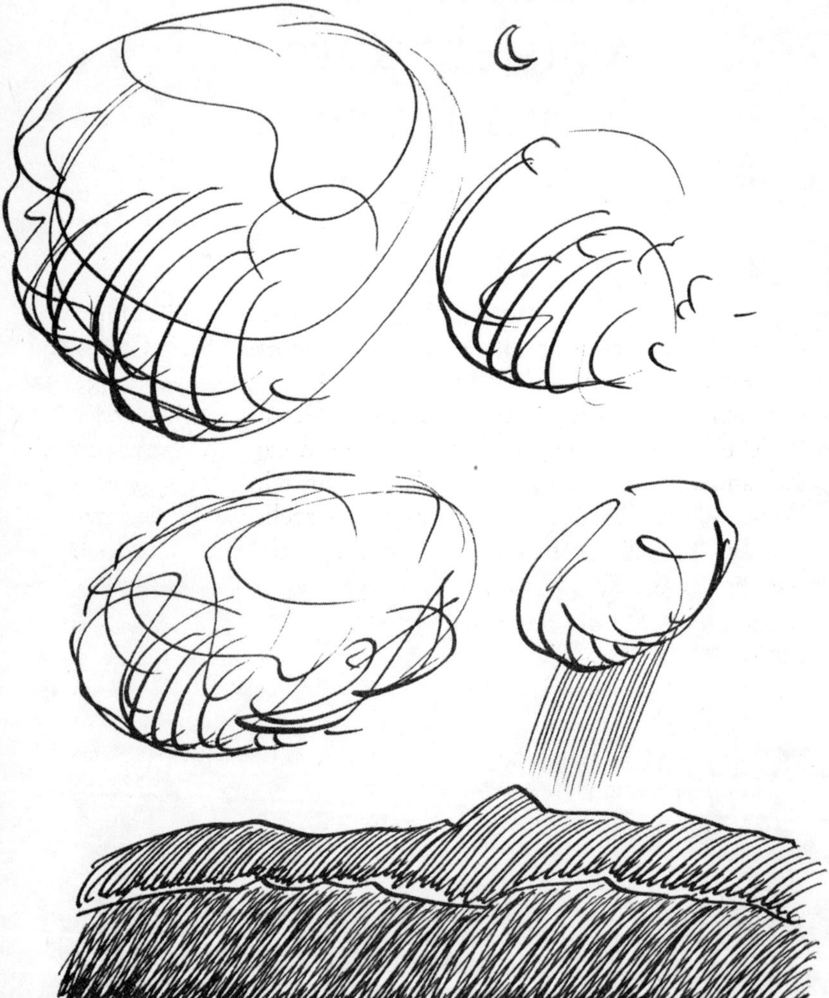

Gelassenheit ist etwas Herrliches, Bewundertes und deshalb von vielen Ersehntes; Gelassenheit ist der reinste Ausdruck seelischer Gesundheit. Wer gelassen ist, hat die höchste Stufe des Menschseins und der Weisheit erreicht – er ist ausgeglichen und kann ausgleichend auf andere einwirken. Mit Gelassenheit wird deshalb seelische Stärke verbunden und vor allem seelische Unverletzlichkeit. Ich höre oft den Stoßseufzer: «Ach, wäre ich doch weniger sensibel, könnte ich Angriffe und Kritik besser ertragen, hätte ich doch ein dickes Fell, dann könnte ich gelassen reagieren.»

Zuallererst möchte ich klarstellen, daß Gelassenheit nichts mit einem «dicken Fell» zu tun hat. Wer ein dickes Fell besitzt, ist dickhäutig und stumpf, er will sich nur schützen, das ist keine wirkliche Gelassenheit. Wer Tranquilizer schluckt oder Alkohol trinkt, um auf chemischem Weg vor der Angst Schutz zu suchen, reagiert auf Reize scheinbar gelassen, ist in Wirklichkeit aber nur betäubt und deshalb nicht wirklich gelassen.

Wer sich einredet, daß er «über den Dingen steht», weil er z. B. besonders begabt ist oder aus einer privilegierten Gesellschaftsklasse hervorgeht, weil er Erfolge im Beruf hat oder eine schöne Frau geheiratet hat bzw. den erfolgreichsten Mann am

Ort, auch der betäubt sich. Zur Schau gestellte Gelassenheit ist eine Scheingelassenheit, die leicht zusammenbricht, sobald unerwartete Stressbelastungen auftreten.

Wirkliche Gelassenheit, von der ich in diesem Buch erzählen möchte – um sie begreifbar zu machen und vielleicht dem einen oder anderen Leser in greifbare Nähe zu rücken –, ist etwas ganz anderes; sie geschieht völlig unabhängig von chemischen Drogen jeder Art, losgelöst von einem Status, einem Vermögen oder einem geistigen Trick. Gelassenheit ist gerade deshalb so selten und begehrenswert, weil sie nur unter Beteiligung der gesamten Existenz möglich wird, nicht durch einen Schnellkurs in einer Psychotechnik.

Ein erfolgreicher, vermögender Mann kam in meine Praxis und klagte: «Ich habe heute mehr erreicht, als ich mir als Zwanzigjähriger erträumt habe. Meine Firma wirft Gewinn ab. Ich besitze eine beneidenswert schöne Frau, meine beiden Kinder sind gesund und intelligent. Und dennoch bin ich immer so unruhig und verspüre oft ein Gefühl von Unsicherheit, das ich sogar als Angst bezeichnen möchte. Ich fühle mich immer unter Spannung und kann meinen Erfolg und mein Glück nicht richtig genießen. Was soll ich unternehmen?»

Nachdem er auf den Gebieten erfolgreich war, die mit Willen, Energie, Tatkraft und Initiative erreichbar sind, wollte er jetzt auch auf seelischem Gebiet erfolgreich sein, nämlich glücksfähig, ausgeglichen und gelassen. Er kam zu mir, um sich mit Hilfe von einigen Beratungsstunden seelische Ausgeglichenheit zu erwerben. Das ist natürlich nicht möglich. Gelassenheit ist kein leicht käuflicher Konsumartikel, genausowenig wie Liebe. Sexualität mag käuflich sein, aber nicht Liebe. Eine Technik ist käuflich, wie z. B. das von mir sehr geschätzte autogene Training, aber nicht Gelassenheit. Eine Technik wirkt momentan entspannend, aber sie macht die Seele nicht wirklich frei und gelassen. Gelassenheit ist etwas Umfassendes. Sie ereignet sich nicht, vermittelt durch ein äußeres Hilfsmittel, sondern geschieht in der Tiefe der Seele. Sie ist nicht mit gutem

Willen herbeizuzaubern, sie ereignet sich ohne Anstrengung, sie ist keine Leistung.

Gelassenheit stellt sich von selbst ein, wenn ein bestimmter seelisch-geistiger Zustand erreicht ist. Man kann nicht nach Gelassenheit streben, denn gerade wenn man nicht an sie denkt, wenn man absichtslos einer Beschäftigung nachgeht, wenn man in einer Beobachtung völlig aufgeht, ist sie plötzlich da. Sobald man sie bemerkt und bewußt festhalten will, ist sie sofort wieder weg – verflogen, verdunstet.

Es erscheint jetzt sicher manchem Leser seltsam, daß ich über so etwas Ungreifbares wie die Gelassenheit dennoch ein Buch schreibe. Kann man Gelassenheit aus einem Buch lernen? Ja, aber es gibt keine technisch klare Anleitung zur Gelassenheit, die man nur peinlich genau befolgen müßte und dann würde sich die ersehnte seelische Ausgeglichenheit automatisch ereignen. Wir müssen uns dem Phänomen auf vielen Umwegen nähern wie einem Schmetterling, der sich immer wieder jedem direkten Zugriff entzieht. Je mehr man sie herbeizwingen will, um so weiter weicht sie zurück. Gelassenheit geschieht durch Loslassen. Der Verstand mag das zwar erfassen, aber durch das bloße sachliche Zur-Kenntnis-Nehmen allein ist nichts gewonnen. Wir müssen «begreifen», was mit dieser einfachen, schlichten Tatsache zusammenhängt. Nicht nur der Verstand allein muß erfassen, sondern auch das Herz, die Gefühle wollen beteiligt sein, auch die Sinne, der ganze Körper und der Kern der Seele, dann geschieht mehr als Verstehen, nämlich Erkenntnis.

Erkenntnis kann blitzlichtartig aufleuchten, sie kann sich aber auch langsam aufbauen, Steinchen auf Steinchen – ein wunderbares Wachstum, Ausreifung der Persönlichkeit und der Selbsterkenntnis. Ich möchte Impulse geben, damit dieses Wachstum gefördert wird. Meine Worte sind vergleichbar mit einem Düngemittel, das der Erde hinzugefügt wird, damit Wachstum intensiviert und angeregt werden kann.

Die Erde ist in diesem Bild Seele und Geist. Es bedarf

allerdings einer großen Aufgeschlossenheit und Aufnahmebereitschaft, sonst können die Gedanken nicht fruchtbar werden. Hierauf habe ich natürlich keinen Einfluß. Aus den vielen Leserbriefen, die ich täglich erhalte, weiß ich, daß viele Menschen bereit sind, zuzuhören und seelisch zu wachsen, hierüber bin ich sehr glücklich, und das erleichtert mir die Arbeit des Schreibens.

Anklammern fällt leichter als Loslassen

Man sollte annehmen, daß die Menschen lieber loslassen als sich anzuklammern, denn Loslassen erscheint leichter, weniger anstrengend. Keine Energie ist erforderlich, wenn man losläßt. Wer sich anklammert, muß sich anstrengen, Kraft aufwenden, Energie einsetzen. Man sollte deshalb glauben, daß die Menschen den Weg des geringsten Widerstands gehen und lieber loslassen. In Wirklichkeit klammern sie sich aber auf allen Gebieten an. Sie strengen sich an, stehen unter Spannung. Einem Menschen, der loslassen kann, begegnet man sehr selten. Wir wollen untersuchen, woran das liegt. Warum stehen die Menschen so unter Spannung, warum lassen sie nicht los und lassen die Dinge geschehen? Warum strengen sie sich so an, und warum ist es für sie so ein großes Problem, sich zu entspannen, losgelöst das Leben in Freiheit zu feiern?

Man muß einiges von Psychologie verstehen, um das zu begreifen. Kinder wachsen zunächst einmal seelisch offen und ungeprägt heran; erst durch die Erziehung wird der freie Fluß der Lebensenergie kanalisiert. Dem Kind werden Ängste eingejagt! Es soll gehorchen und wird mit Hilfe von Angst und Lob dressiert. Es versucht, die Angst vor Strafe und Liebesverlust zu meiden, und sucht die Forderungen der Erziehungspersonen zu erfüllen. So wird, wie Sigmund Freud so treffend beschrieben hat, das Über-Ich aufgebaut, das Gewissen, das Streben nach der Erfüllung von Normen und Forderungen.

Der junge Mensch kann sich nicht selbst entwickeln, selbst herausfinden, was ihm gemäß ist, sondern er wird mit drohender Angst dazu gebracht, sich Regeln, Normen und Idealen verpflichtet zu fühlen und sich ihnen anzupassen. Seiner Natur nach würde er lieber frei sein, sich nirgendwo anklammern, sondern sich ohne Zwang und äußeren oder inneren Druck dem Leben ausliefern. Er klammert sich an, um die Wünsche der Erziehungspersonen zu erfüllen, er gehorcht, er läßt sich einschüchtern und sucht in der Anpassung Schutz und Geborgenheit. Die menschliche Seele ist sehr sensibel; Angst vor Strafe und Liebesverlust kann sie nicht lange aushalten. Anklammern dagegen vermittelt Sicherheit und Ruhe, Loslassen führt in drohende Unsicherheit.

Die Vorteile des Anklammerns liegen also deutlich auf der Hand: Wer sich an die vorgegebenen Richtlinien anpaßt, vermeidet Kritik und Auseinandersetzungen, das ist also im Endeffekt der bequemere, aber spannungsreichere Weg. Er geht also doch einen bequemeren Weg über die Anpassung, die Einfügung, das Gehorchen, das Vermeiden von Angst, obwohl dieser Weg viel mehr Energie und Kraft kostet.

Freiheit bringt zwar der Seele Glück und Erfüllung, aber man handelt sich andere Schwierigkeiten ein, nämlich Angst, Unsicherheit, Liebesverlust, Alleinsein, Ausgestoßensein, Bestrafung und vermeintliche Erfolglosigkeit. Die Nachteile der Anpassung werden deshalb in Kauf genommen.

Der Nutzen der Anpassung hat jedoch massive Nachteile im Gefolge, die man früher oder später bemerkt, wenn man unter der eigenen seelischen Verfassung leidet. Anklammern führt zu Ehrgeiz, Neid, Konkurrenzdenken, Habgier, Geltungsstreben, Aggression, Angst, Unsicherheit, Eifersucht, Besitzgier,

Konsumzwang, Klatschsucht, Sadismus, Habenmentalität, Existenzangst, Sucht, Unruhe, Hektik, Nervosität, kurz, zu den Symptomen des alltäglichen Verhaltens vieler Menschen in unserer Gesellschaft. Sie sind zutiefst verstrickt in diese seelische Struktur, halten sie für die «normale» psychische Situation des Menschen und haben dennoch Sehnsucht, dem allem zu entkommen in die Freiheit, weil die erzielten Vorteile die Nachteile doch nicht aufwiegen, wie man mitunter plötzlich erkennt.

Der Weg heraus ist so einfach: Wir brauchen bloß alles, woran wir uns anpassen und anklammern, loszulassen. Hier beginnt aber unbekanntes Gebiet. Wir wissen nicht, ob die Nachteile vielleicht doch überwiegen, ob wir Diamanten oder Steine bekommen, ob wir Kupfer gegen Gold eintauschen. Der Wunsch, dem seelischen Leid und der Spannung zu entrinnen, ist groß, aber die Angst vor der Unsicherheit dessen, was danach kommt, ist meist noch größer.

Ein junger Grafiker wollte von mir wissen, ob er sich selbständig machen sollte oder nicht. Er sagte: «Wenn ich angestellt bleibe, dann kann mir nicht viel passieren, aber ich fühle mich unfrei und unwohl. Wenn ich mich selbständig mache, kann ich über meine Arbeit selbst bestimmen, das ist sicherlich eine befriedigendere Situation. Aber ich habe Angst davor, daß ich mit der Unsicherheit nicht fertig werde; ich habe Angst davor, wirklich frei zu sein, obwohl ich nur in Freiheit zu mir selbst finden kann, also ein guter Grafiker bin.»

So denken die meisten Menschen aus Angst vor der Freiheit. Sie leben lieber in Abhängigkeit von der Familie, einer Religion, einer Arbeitsstelle, einer politischen Meinung, einer Meinung über das Leben und die Erziehung; sie sagen lieber ja, folgen den anderen nach, gliedern sich brav ein. Das sieht alles scheinbar so einfach aus, kostet aber eine riesige Anstrengung; Festhalten ist energieraubend und sehr erschöpfend. Viele stehen den ganzen Tag unter der Spannung, sich anzupassen, sich zu zwingen, sich selbst Gewalt anzutun. Sie sind erschöpft vom Anklammern und vom Verdrängen der Möglichkeit des Loslassens; sie bekommen mehr und mehr Angst davor.

Und auch manchen Leser wird diese Angst beschleichen. Es gehört sehr viel Mut dazu, sich mit der Wahrheit zu beschäftigen. Sigmund Freud sagte: «Der Mensch ist nicht Herr im eigenen Haus.» Er vermeidet es aus Angst, sich über seine eigene Situation Gedanken zu machen; auch hier entwickelt er Widerstand, wehrt sich, entwickelt die verschiedensten Abwehrmechanismen, die ich bereits in meinen früheren Büchern ausführlich beschrieben habe. Es gehört Mut dazu, weiterzulesen, sich mit der Möglichkeit des Loslassens auseinanderzusetzen, meinen Worten zuzuhören; denn es könnte sich vielleicht eine Einsicht ereignen, die einen nicht mehr losläßt, von der Faszination des Loslassens. Was dann?

Gelöstheit ist «losgelöst sein»

Viele seelische Probleme sind Spannungsprobleme. Wer zu sehr unter einer Spannung steht, kann nicht gelöst sein, er ist blockiert und gehemmt. Gelöstheit ist ein seelischer Zustand der Entspanntheit, der Leichtigkeit und Schwerelosigkeit. Losgelöst und schwerelos geht der seelisch Gesunde durch die Welt, angstfrei, aggressionsfrei, unbeschwert von Vergangenheit, unbelastet von einer Zukunftserwartung, das ist der wunderbare Zustand seelischer Leichtigkeit und Frische. Gelöstheit ist unsere Sehnsucht, das Ende von Stress und Angst.

Ein sehr verkrampfter Mensch fragte mich einmal um Rat, wie er «innerlich lockerer» werden könnte. Er besaß eine Werbeagentur und war beruflich erfolgreich. Er sagte: «Rein äußerlich geht es mir gut, ich habe viel erreicht. Ich bin mit einer patenten Frau verheiratet, außerdem habe ich seit einigen Jahren noch eine Geliebte, die mich anbetet und am liebsten heiraten würde. Meine Frau respektiert mich, meine Geliebte verwöhnt mich im Bett, trotzdem stehe ich immer so unter Spannung, ich meine, daß mit mir irgend etwas nicht stimmt. Ich empfinde Angst, obwohl ich mich konkret vor nichts fürchten muß. Ich schrecke bei einem lauten Geräusch unwillkürlich zusammen. Das macht mir dann immer bewußt, wie sehr ich unter Spannung stehe. Bei meinem Erfolg müßte ich doch eigentlich viel gelassener sein. Ich müßte befreit durchatmen können und mein Leben genießen. Mit mir stimmt was nicht, aber ich weiß nicht, was. Von anderen werde ich bewundert und beneidet. Niemand weiß von meiner Anspannung.»

Es ist immer wieder dasselbe: Einer strebt nach Erfolg, nach Geld, Macht, äußerer Unabhängigkeit, geordneten Verhältnissen, nach Partnerschaft und Sex, und hat er das alles erreicht, zeigt sich, daß er damit nur etwas Äußerliches gewonnen hat, aber nichts für sein seelisches Wohlbefinden. Ich antwortete dem Unternehmer: «Du hast dich angespannt und verkrampft, du wolltest etwas werden, hast Ehrgeiz entwickelt, hast dich innerlich angespannt, dich einem Ziel verschrieben. Du warst ein Streber, hast dich angeklammert, Erfolge erzielt, die dich bestärkten und den Ehrgeiz immer größer werden ließen. Du hast gekämpft und gesiegt, aber diese Siege bedeuten keinen befriedigenden, endgültigen Sieg, du mußtest immer weiterkämpfen; der Ehrgeiz läßt dir keine Ruhe, erfordert immer neuen Energieeinsatz, du stehst immer stärker unter Spannung, du bist ruhelos, getrieben, deinen ehrgeizigen Zielen verhaftet, angekettet und versklavt. Du bist noch schlimmer dran als ein Sklave, denn der weiß, daß er in Wirklichkeit etwas anderes will. Du hast dich unbewußt selbst versklavt, das ist gefährlicher. Du bist dein eigener Sklavenhalter, dein Unterdrücker ist nicht außerhalb, er ist in dir selbst. Den äußeren Feind kann man gut bekämpfen, den Feind in sich selbst zu entmachten ist viel schwieriger. Du bist in Spannung, weil in dir zwei Instanzen sind, der eine Pol bist du, dein wirklicher Kern, und die andere Instanz ist der Sklaventreiber, der dir einredet, daß er nicht dein Feind ist, sondern dein Bestes will.»

Wie kann man gelöst sein, wenn man innerlich so unter Spannung steht, wenn das Erlebnis der Einheit fehlt, wenn der Körper andere Bedürfnisse hat als der Geist und die Seele? Jeder Mensch spürt die Echtheit seiner Befindlichkeit. Er spürt, ob er wirklich er selbst ist. Wer einem ehrgeizigen Ziel hinterherjagt, das nicht sein wirkliches Ziel ist, steht unter Spannung zwischen Wollen und Sein. Er strengt sich für etwas an, das ihm keine Befriedigung vermitteln kann. Das ist wirklich sehr frustrierend, verkrampfend und ängstigend. Gelöstheit kann nicht aufkommen, weder mit Alkohol noch mit Hilfe von Psychopharmaka.

Gelöstheit bedeutet losgelöst sein. Ich sagte ihm: «Du mußt erst losgelöst sein von deinem Wollen und Streben, du mußt das erst alles loslassen, bevor sich die Spannung legen kann. Kein Ehrgeiz mehr, und du fühlst dich sofort freier, glücklicher und vitaler. Löse dich, das ist die Lösung all deiner Probleme. Gib den Kampf auf, ohne dich schwach zu fühlen, gib auf, ohne dich als Feigling zu fühlen. Kämpfe nicht mehr, das ist die Lösung. Der Gelöste lächelt über den Kämpfer. Der Kämpfer, der über sich selbst lächelt, der gelöste Kämpfer, der spielerich seine Energie einsetzt, der mag kämpfen, aber du bist im Moment noch weit davon entfernt. Gib alle Verbissenheit auf, damit deine Energie zum Segen und nicht zu Gift wird für dich selbst und andere.»

Sicherheit – lohnt sie sich?

Ein Student der Betriebswirtschaft wollte wissen, wie er seine Prüfungsangst überwinden und das Examen mit einer guten Note bestehen könne. Obwohl er viel gelernt hatte, fühlte er sich trotzdem unruhig den Unsicherheiten einer Prüfung ausgeliefert. Was würde er gefragt werden? Fragt der Prüfer über Steuerprobleme, das wäre wunderbar, hier könnte nicht viel passieren, beißt er sich aber an einem Detail fest, auf das er sich nicht so vorbereitet hat, was dann?

Wir wollen nicht unvorbereitet in eine Situation gehen. Wir suchen Sicherheit, Sicherheit, Sicherheit – wir sind Sicherheitsfanatiker. Wir wollen alles vorausplanen, abschätzen, in den Griff bekommen, sowenig wie möglich sich selbst überlassen. Aber das alles führt zu einer Scheinsicherheit. Ich kann mein Leben planen, absichern, kann für alles eine Versicherung abschließen, und dann verliebe ich mich in eine Frau, die mit mir nach Neuseeland auswandern will. Was dann?

Ich strebe nach einem sicheren Broterwerb, bin Beamter, richte mein Leben nach der katholischen Lehre aus, plane die Zukunft, spare jeden Monat zweihundert Mark für meine Kinder, obwohl ich noch gar keinen Partner habe, und da fällt ein Ziegelstein bei Dacharbeiten herunter, trifft meinen Rücken, und ich werde querschnittgelähmt. Sicherheit gibt es nicht, sie kann nicht geplant werden, sie sollte uns vor allem nicht tyrannisieren.

Das Leben ist kein Rechenexempel. Wer sich an Sicherheiten klammern will, der geht mit Sicherheit in die Irre. Lebendigkeit ist Unsicherheit. Je lebendiger, desto unsicherer. Nur der Tod ist sicher, das Tote, das sich nicht mehr bewegt, bleibt auf seinem Platz. Nach Sicherheit streben, das heißt Totes verehren. Lebendigsein aber ist das Gegenteil von Festigkeit und Planung.

Ich verliebe mich in eine Frau und plane, sie zu heiraten und sie immer zu lieben. Ich fühle mich so schlau, weil ich die Sicherheit anstrebe, weil ich mein Glück absichern will. Mancher klammert sich so sehr an seinen Plan, daß er aus Eifersucht den «Liebhaber» seiner Geliebten und diese gleich mit erschießt. Er hat Sicherheit erwartet mit dem Ergebnis, daß er drei Leben zerstört hat.

Leben kann man nicht verplanen, es ist ein herrliches Spiel der Unsicherheit. Wenn man Entfaltung ohne Plan und Sicherheit zuläßt, geschieht das Unsichere, das Unerwartete, das Begeisternde – jedenfalls keine Langeweile. Wenn ich neben einem Menschen sitze, der «Prinzipien» gehortet hat, nach Sicherheit strebt, einem Ideal nacheifert, der ist so langweilig, daß ich mich in seiner Gegenwart unwohl fühle und aufstehen muß. Ich trete aus seinem Kontaktkreis heraus und atme tief durch: Wie herrlich ist die Luft der Unsicherheit. Seine Sicherheit beengt, schränkt ein, seine Ausstrahlung, seine Gedanken, die Blüten seines Geistes sind Kunstprodukte, sie sind so künstlich wie Kunstblumen im Vergleich zur lebendigen Rose. Wenn Menschen Gedanken äußern, erkenne ich sofort, ob diese Gedankengebilde Rosen sind oder Gummiblumen.

Ich habe mich einmal in den Körper einer Frau verliebt, in die Oberfläche der Erscheinung. Als wir uns unterhielten, vermittelte sie vorprogrammierte Sätze, ihr Denken war geprägt von gesellschaftlichen und moralischen Normen, kein Gedanke war ihr eigener, sie plapperte nach, was man ihr irgendwann einmal vorformuliert hatte. Ich sah daraufhin ihren Körper mit anderen Augen, er wurde plötzlich kalt und unlebendig, alles Spontane wich von dieser Frau. Sie ließ Lebendigkeit nicht an sich heran, und in ihr waren nur tote, abgestandene Gedanken. Sie suchte Sicherheit – das Leben hatte da keinen Platz, es wurde ausgeschlossen, so gut es ging. Der schöne Körper war zwar immer noch ästhetisch, aber ich konnte keinen Gefallen mehr an ihm finden – er war wie die schöne Plastikblume: dekorativ, aber uninteressant.

Das Herz frei machen

Das schlagende Herz ist der zentrale Ort des Lebens und Erlebens, man spricht davon, daß etwas zu Herzen geht, das Herz höherschlagen läßt oder Herzeleid verursacht. Herzlichkeit ist ein ganz wichtiger Aspekt seelischen Erlebens. Ein offenes Herz führt zu Herzlichkeit, ein enges Herz bedingt angstvolles Erleben. Mut wird zu Recht auch als Beherztheit bezeichnet.

Es entstehen keine Herzrhythmusstörung und keine Infarktgefährdung, wenn die Einstellung zum Leben bestimmte Voraussetzungen erfüllt. Nicht die organische Beschaffenheit des Herzens beeinflußt die Seele, sondern umgekehrt, der geistigseelische Zustand macht das Herz krank oder frei. Wenn die Einstellung offen, lebensbejahend und aufgeschlossen ist, weiten sich die Blutgefäße, und das Herz kann kräftig und gesund schlagen.

Im Zusammenhang mit Herzerkrankungen und Infarktgefährdung wurde von der medizinischen Forschung immer wieder auf den Risikofaktor Stress hingewiesen. Was einen Menschen stresst, ist natürlich individuell verschieden. Für den einen ist Zeitdruck Stress, für den anderen sind es zynische Bemerkungen, bezogen auf seine Leistungsfähigkeit, für wieder einen anderen ist Stress Unsicherheit über Anerkennung oder Ablehnung der Mitmenschen. Jeder hat eine andere Einstellung zu diesen und jenen Situationen. Dem einen geht dies zu Herzen, worüber der andere lacht, und dem nächsten jenes. Gleichgültig, was es im einzelnen auch immer sein mag, entscheidend ist der Einfluß auf die Verengung der Blutgefäße. Die beste Prophylaxe gegen den Herzinfarkt ist Herzlichkeit, emotionale Aufgeschlossenheit, die Fähigkeit, mit Stressfaktoren offen umzugehen, Stresserlebnisse zu registrieren, aber Abstand dazu zu gewinnen und trotzdem die herzliche Aufgeschlossenheit nicht zu verlieren: Das Herz weit und offen halten, alles verstehen, alles zulassen, sich gegen nichts sperren und verengen.

Der herzliche Mensch (der Herzgesunde) geht auf seine Mitmenschen und die Ereignisse positiv eingestellt zu. Er neigt nicht dazu, sich von negativen Vorurteilen beeinträchtigen zu lassen. Er ist vorurteilslos, wertet Menschen und Ereignisse nicht in «gut» und «schlecht», er legt keine engen Wertmaßstäbe an. Er nimmt die Dinge so, wie sie kommen, betrachtet sie offen und verschließt sich nicht vor negativen Erfahrungen. Er hat deshalb keine Angst vor eigenen Fehlern und den Fehlern der anderen.

Er ist neugierig, interessiert sich für Meinungen und Ereignisse. Er will aber weder verurteilen noch bewundern, er hat Interesse und dabei gleichzeitig Abstand. Er taucht voll ins Leben ein, läßt es zu, davon berührt zu werden, und doch kann ihm das, was er sieht und erfährt, nichts anhaben. Schmutz kann ihn nicht beschmutzen, er bleibt rein, Schönheit kann ihn nicht süchtig machen, er empfindet keine Gier, er bleibt, wie er ist, aufgeschlossen, offen, eine Durchgangsstation für Energie des Lebens, er atmet die Ereignisse ein und wieder aus, er will den Atem niemals festhalten – ein und aus, in lebendigem Rhythmus; nichts kann sich in ihm festsetzen, er bleibt rein und unschuldig, weil für ihn nichts «falsch» und nichts «richtig» ist. Er bleibt unangetastet, im Kern unberührbar. Die Dinge geschehen, er läßt sie geschehen, er ist herzlich aufgeschlossen, er kämpft nicht, bezieht keine Stellung, ohne andererseits ein «Fähnchen im Wind» zu sein. Er bleibt fest, sein Kern ist unberührt, unverrückbar, er ist total individuell. Warum also kämpfen, warum verurteilen oder prämiieren? Er läßt die Dinge geschehen, ist Betrachter, atmet ein und aus – das ist Gelassenheit.

Herzlichkeit ist ein Kennzeichen dieser Gelassenheit. Herzliche Gelassenheit ist eine herrliche seelische Haltung. Wer sie gefunden hat, wird niemals einen Herzinfarkt erleiden, das ist unmöglich, denn seine Blutgefäße sind entspannt, das Herz kann ungehemmt und unbeobachtet schlagen, es bleibt unbelastet und unberührt. Es mag schneller schlagen, es mag stocken, das ist ein lebendiger Prozeß. Es kann nicht immer wie eine Maschine in einem monotonen Rhythmus schlagen. Der Rhythmus wechselt, aber nicht die Herzlichkeit, die gelassene Offenheit. Herzlichkeit ist ein Zeichen für zentrales Offensein, ein herzlicher Mensch kann nicht an einem Magengeschwür erkranken. Es ist undenkbar, daß er geizig ist, seinen Partner drangsaliert oder Berufskollegen unterdrückt.

Er kümmert sich zwar nicht um das, was «richtig» und «falsch» ist, dennoch kann er nichts wirklich falsch machen. Auch wenn er einen Fehler begeht, so ist das nicht wirklich falsch – er lebt ja sich selbst gemäß. Ein Fehler, ein Irrtum, ein Mißerfolg – er beobachtet, registriert, akzeptiert und bleibt ohne Anstrengung oder Einsatz des Willens innerlich ruhig, heiter, unantastbar gelassen.

Den Geist frei machen

Herzlichkeit ist etwas Wunderbares, beglückt mich selbst und die anderen. Herzlichkeit ist nur möglich, wenn der Intellekt als einfaches Werkzeug benutzt wird. Wer Intelligenz und Logik zum Götzen macht, kann natürlich nicht den Geist frei machen und das ständige Denken beiseite schieben. Nicht Denken an sich ist schlecht, sondern das ruhelose, zwanghafte Denken.

Ein Dozent suchte meinen Rat. Er erzählte mir: «Ich bin als Naturwissenschaftler stolz auf die Fortschritte und Leistungen der Logik. Ich habe einen Intelligenzquotienten von 135, der ist ausreichend hoch für eine Karriere in der Forschung. Ich bin auf der Spur einer vielversprechenden wissenschaftlichen Entdeckung. Ich könnte zufrieden sein, außerdem habe ich eine Partnerin, die sich sehr um mich kümmert, ich werde sie wohl in einem halben Jahr heiraten, obwohl ich annehme, daß ich sie nicht richtig liebe. Ich empfinde keine romantischen Gefühle für sie; das liegt wohl daran, daß ich die Dimension des Denkens nicht aufgeben kann. Ich muß ständig analysieren und Gesetzmäßigkeiten, Abhängigkeiten und Korrelationen herausfinden. Mein Geist ist dominierend, und ich kann mich davon nicht lösen, es ist wie ein Zwang. Soll ich etwas dagegen unternehmen? Ist etwas nicht in Ordnung mit mir, unter psychischem Aspekt?»

Schon allein die Fragestellung zeigt, daß etwas nicht in Ordnung ist. Wenn der Geist, die Intelligenz, das logische Denken, das Analysieren eine so dominante Position im Leben einnehmen, dann ist die lebendige Einheit gestört. Der Mensch ist nicht nur Geist, er hat, um das Einfachste zu erwähnen, auch einen Körper und die Seele, also eine körperliche und emotionale Erlebnisebene. Körper und Seele sind die Basis der Lebendigkeit, der Geist mit seiner Intelligenzfähigkeit ist nur ein Werkzeug. Zuallererst muß der Körper zu seinem Recht kommen, Nahrung aufnehmen, schlafen, sich bewegen, atmen, dann, in unmittelbarer Verbindung damit, die Seele, die Wahrnehmung – fühlen, lieben, hingezogen oder abgestoßen sein. Auf dieser Basis hat der Verstand seinen Sinn, er reagiert sachlich, wissend und logisch. Die Seele aber erfährt Glückseligkeit, sie geht im Atem des Augenblicks auf, sie vergißt sogar den Körper, er existiert nicht mehr, dann ist auch das Werkzeug «logisches Denken» abgelegt.

Ich antwortete dem Wissenschaftler: «Ich sage dir jetzt einige psychologische Wahrheiten, die du nicht mit deinen üblichen Maßstäben messen darfst, vergiß bitte für einige Minuten die Logik, auf die du so stolz bist. Wenn wir uns deinem

Problem mit naturwissenschaftlicher Methodik nähern wollen, werden wir tagelang, monatelang diskutieren und Haare spalten. Du kannst sofort begreifen, worum es geht, ohne die strengen Maßstäbe deiner Verstandesregeln. Du kannst, wenn du bereit bist, das Ganze erfassen, es erkennen, erhellen.»

«Ist das auch beweisbar oder nur Geschwafel?» wollte er wissen – mit überheblichem Lächeln. «Das Lächeln sagt mehr als die Frage», antwortete ich. «Die Frage klingt sachlich, aber das Lächeln beinhaltete die Antwort, es sagte: ‹Es würde mich wundern, wenn es mehr als Geschwafel wäre, wenn es also beweisbar sein sollte.› Solange du dir mit deiner Skepsis selbst im Weg stehst, kannst du nichts aufnehmen. Was ich dir antworten möchte, ist nicht beweisbar mit den Mitteln der empirischen Wissenschaft, aber es lohnt sich dennoch zuzuhören. Auch wenn es nicht beweisbar ist, muß es nicht automatisch ‹Geschwafel› sein. Picasso ist ein großer Künstler, auch wenn es nicht mit naturwissenschaftlicher Methodik bewiesen ist.

Mache den Geist frei von den Maßstäben, Regeln, Maximen, Erwartungen und höre einfach nur zu. Du hast verlernt, dich vorurteilslos aufzuschließen, total zu erfassen. Und damit sind wir bei deinem Problem. Solange du das Werkzeug Intelligenz zum Meister machst, bist du ein armseliger Handwerker, das Werkzeug beherrscht dich, nicht du das Werkzeug. Der Meister benutzt sein Werkzeug nur, wenn es nötig ist, er ändert das Werkzeug, wenn es die Situation erfordert.

Wir sprechen übrigens von deinem Leben, nicht nur von einem unbedeutenden Werkstück. Es ist dein Leben, deine Person, das Werkzeug Denken herrscht über deine Persönlichkeit. Dir tanzt das Personal auf der Nase herum. Das kann ich nicht beweisen, du kannst diese Wahrheit mit einer anderen Sichtweise erfassen, nicht mit logischem Denken. Eine Einsicht fällt wie ‹Schuppen von den Augen›. Ein schönes Bild, die Sicht wird von Schuppen eingeschränkt, und plötzlich fallen sie herunter, und die Wahrheit wird sichtbar. Wenn ein Mensch wütend ist, benötigst du keine intellektuelle Beweisführung, wenn er traurig ist, dann erfaßt du seine Stimmung ganz spontan. Neben der überbewerteten Logik ist die Intuition ein gleichberechtigter Faktor der Erkenntnis. Auf der Ebene der Intuition ist keine Beweisführung erforderlich. Es geht nicht immer um Analyse und Zergliederung, auch das Gegenteil, die Synthese, die Zusammenfügung, ist ein Weg zur Erkenntnis.

Wenn du dich von deinem Verstandeskult distanzierst, ihn jetzt sofort losläßt, dann bist du wieder frei, und deine ganze Person kann wieder zu ihrem Recht kommen. Wirf jetzt sofort alle Dogmen aus deinem Geist und erfasse deine Ganzheit. Du warst begrenzt, eingeengt auf eine geistige Disziplin, wenn du das total erkennst, dann hat es damit sofort ein Ende. Deine Ganzheit ist der Meister, und die Energie des Lebens kann in dich einströmen und ohne Pause oder Blockierung sofort wieder aus dir herausströmen. Du bist nur eine Durchgangsstation. Laß die Energie durch dich hindurchfließen, frei, offen, und das Werkzeug Intellekt spielt sich nicht mehr als Diktator auf, das ist einfach lächerlich. Sobald du es erkannt hast, mußt du lachen, von Herzen kommend, nicht verkniffen-gespielt.»

Du siehst, was du bist

Der Depressive sieht seine Umwelt grau in grau, der Ängstliche sieht überall lauernde Gefahr, wenn er nachts durch den Wald geht, verdichten sich die dunklen Sträucher und Schatten zu gefährlichen menschlichen Gestalten oder zu Fabelwesen. Man nimmt die Welt nicht objektiv wahr, sondern projiziert die Innenwelt der Einstellungen, Hoffnungen, Ängste, Wünsche, Phantasien nach draußen in die Gegenstände. Der Außenwelt ist das gleichgültig, sie ist unabhängig von unseren Augen, so wie sie ist. Die Physik versucht, sich ein möglichst objektives Bild davon zu verschaffen, dagegen ist nichts einzuwenden. Uns interessiert hier aber nicht das Weltbild der Physik, sondern das subjektive Bild des einzelnen, die Wahnwelt des Verrückten oder die langweilige Banalwelt des Angepaßten.

Der Verliebte sieht überall Positives, Verständnis und hoffnungsvollen Kontakt, er ist optimistisch eingestellt. Der 1945 befreite KZ-Insasse von Auschwitz kann die Welt auf Grund seiner Erfahrungen nicht mehr positiv sehen, er sieht das Böse, die lauernde Gefahr, überall die Denunziation. Ich möchte damit sagen: Wir sind selbst verursachend dafür, wie wir die Welt und uns selbst sehen. Der Betrachter sieht nicht «neutral» einen Gegenstand, er sieht seine innere Stimmung mit, der Optimist sieht einen Baum im Wachstum und in aufstrebender Pracht; der Pessimist sieht den kommenden Herbst, in seinen Gedanken spukt der «saure Regen», er «erlebt» einen sterbenden Baum. Der lebensbejahende Mensch verliebt sich ungehemmt in glühender Erwartung herrlicher Gefühle, der lebensverneinende Mensch ist unfähig, sich zu verlieben, weil er in jedem Partner den Ausbeuter, Intriganten, Blutsauger, Erkrankenden oder Sterbenden sieht.

Die Innenwelt wird unwillkürlich nach außen projiziert und färbt so die Außenwelt, sie ist eine Spiegelung der Innenwelt. Der erleuchtete Weise sieht in den Mitmenschen die Erleuchtung, der Kriminelle sieht im anderen den möglichen Betrüger. Wer selbst von Mordgedanken geplagt wird, sieht in anderen den möglichen Mörder. Der Ehebrecher sieht in seinem Partner den Ehebrecher, der Mann mit Intelligenzkomplex sieht in jedem Kontakt die Möglichkeit, Intelligenz zu beweisen oder zu versagen. Der sexuell Ausgehungerte sieht überall Sexualsymbole, der Künstler begegnet auf Schritt und Tritt Kunstwerken. Der Humorist findet überall Situationen, die komisch sind, der Gottsucher sieht Gott in jeder Pflanze, in jeder vorbeiziehenden Wolke.

Du siehst, was du selbst bist, bist du ehrgeizig, siehst du überall Ehrgeizlinge, bist du aggressiv, siehst du überall Streithähne, die sich mit dir anlegen wollen, die es nur darauf abgesehen haben, dich zu beleidigen. Bist du Schriftsteller, sind Worte für dich von anderer Bedeutung als für einen Maler, der Farben intensiver empfindet. Die gleiche Rose ist für verschiedene Menschen eine andere Blume. Die Rose kann man erst dann total erkennen, wenn man ihr unvoreingenommen ohne Vorurteile, ohne Einstellung, ohne Meinung, ohne Hoffnung, Wertung, Idealisierung oder Moral begegnet.

Ein Angestellter, fünfzig Jahre, verheiratet, zwei Kinder, kam in meine Praxis und klagte: «Mein Hausarzt schickt mich zu Ihnen, weil ich depressiv bin, ich kann mich über nichts freuen, bin nur passiv, fühle starke seelische Schmerzen der Mutlosigkeit.» Ich sagte: «Deine Lebensphilosophie ist so beschaffen, daß du alles grau in grau sehen mußt, du bist schwermütig, weil du den Mut verloren hast, du bist ‹niedergemütigt›, das hat etwas mit gedemütigt zu tun. Die Depression ist weg, und du bist geheilt, wenn du wieder leichtsinnig sein kannst, wenn du die Demütigung überwunden hast, das heißt, wenn du dich gelöst hast von deinen Einstellungen und Lebensphilosophien. Das ist kein langwieriger Prozeß, du kannst die Welt heute noch mit anderen Augen sehen, wenn du bereit bist, meiner Lebensphilosophie zu folgen. Ich sage dir, das Leben ist etwas Herrliches, es ist ein sehr befriedigender Vorgang, denn jede Stufe des Wachstums und der Reife ist vollkommen. Es gibt nichts zu kritisieren. Der seelisch Erkrankte, der Ehrgeizige und moralisch Eingesperrte kritisiert immer, nichts kann ihm recht gemacht werden, er ist der Hüter der Moral, er muß überwachen und kontrollieren, er drückt nieder, entmutigt, macht schwermütig – es wird schwer, Mut zu haben. Und Mut ist so wichtig! Du mußt mutig und frisch jeden Tag neu auf das Leben zugehen. Jeder Tag ist neu, das ist wunderbar, jeder neue Tag ist ein Neubeginn, alles andere liegt weit hinten, was zählt, ist doch nur dieser Augenblick, es gibt nur ihn, er ist

Wirklichkeit, alles andere ist verstaubtes Archiv oder Spekulation.

Im Augenblick siehst du, was du bist, deshalb ist so wichtig, was du bist, ob Optimist oder Pessimist, biophil oder nekrophil, liebend oder verbittert, depressiv oder kreativ, das ist von großer Bedeutung. Nicht die Welt ist schlecht, deine Einstellung zu dir selbst und zur Welt ist falsch. Du bist kein Opfer der Welt, sondern ihr Schöpfer. Das ist eine sehr wichtige Erkenntnis, man muß sie in voller Helligkeit des Bewußtseins erfassen, um den Impuls zu erhalten, die Einstellung zu verändern. Auf der Grundlage dieser wichtigen psychologischen Erkenntnis lohnt es sich, tiefer in die eigene Seele zu schauen und sich selbst auf die Spur zu kommen.»

Psychopharmaka befreien nicht

Gegen die beschriebenen seelischen Probleme werden immer häufiger Psychopharmaka verschrieben. Ich möchte hierüber noch einige Anmerkungen machen, obwohl in letzter Zeit viele Zeitschriften über die Gefahren sehr gut berichtet haben, u. a. auch der «Stern» in Heft 28, 1983. Besonders eindrucksvoll war für mich ein Leserbrief auf den engagierten Artikel «Die Sucht auf Rezept»: «Auch ich, 57 Jahre alt, bin seit einigen Jahren abhängig. Meine Nervenärztin sagte mir damals, sie könne nichts für mich tun, denn meine Probleme müsse ich selbst lösen – sie könne mich nur ‹ruhigstellen›. Das tat und tut sie denn auch: Nach Bestellung erhalte ich von der Arzthilfe ein ausgeschriebenes Rezept für jeweils fünfzig Tabletten, ohne die Ärztin zu Gesicht zu bekommen. Einige Monate war ich in einer Klinik, das half gar nichts, da ich nach meiner Entlassung vollkommen allein gelassen wurde. Mittlerweile bin ich arbeitslos, apathisch und noch depressiver als vorher.»

Die Suchterkrankung kommt schleichend und unerwartet, so auch für den 57jährigen Herrn Meurer, der in der Hoffnung auf Therapie seiner Beschwerden eine Nervenärztin aufsuchte, die ihm aber sagte, sie könne nichts tun, denn jeder müsse «seine Probleme selbst lösen». Das ist zwar im Prinzip richtig, kein anderer kann die Konflikte und Probleme, die einen Menschen quälen, stellvertretend für ihn lösen. Aber ist «Ruhigstellen» durch Medikamente, also über chemische Steuerung des Nervensystems, eine Therapie, die der Seele aufhilft? Der Klinikaufenthalt konnte Herrn Meurer nicht helfen, weil er sich nach seiner Entlassung «vollkommen allein gelassen» fühlte. Er ist durch die verordnete Chemotherapie keinen Schritt weitergekommen, ist jetzt «arbeitslos, apathisch und noch depressiver als vorher».

Die chemische Wirkung dauert eine begrenzte Zeit an, aber dann kehren die alten Symptome wieder zurück, das ist vergleichbar mit Alkoholgenuß. Der Alkohol beeinflußt das Nervensystem und Gehirn für einige Zeit, man fühlt sich in der Regel gelöster, gelassener, befreiter, berauschter – legt sich schließlich betäubt zur Ruhe und wacht ernüchtert und verkatert auf. Der Alkoholiker greift wieder zur Flasche, der Patient zum Psychopharmakon, das seinem ursprünglichen Leiden, z.B. Angst, Depression, Unruhe, Unsicherheit eine neue Krankheit hinzufügt – nämlich Abhängigkeit und Sucht.

1981 verordneten die Ärzte 1,5 Millionen Pillen, Dragees oder Zäpfchen bei seelisch bedingten Beschwerden. Im Auftrag des Bonner Sozial- und Arbeitsministeriums haben Pharmakologen von zehn deutschen Universitäten mit klinischen Psychiatern und niedergelassenen Ärzten eine Studie erstellt, die zu einem niederschmetternden Ergebnis kommt. Wer sich genau informieren will, kann die Studie im Buchhandel kaufen, der Titel: «Bewertender Arzneimittel-Index,

Hypnotika, Sedativa und Psychopharmaka», erschienen im medpharm-Verlag.

Fachleute schätzen, daß etwa 500 000 Menschen in der Bundesrepublik an der Sucht nach Psychopharmaka erkrankt sind. Übrigens: 1981 haben die Ärzte 43,6 Millionen Rezepte für Beruhigungs- und Schlafmittel an Frauen ausgestellt und 20,4 Millionen an Männer. Also vor allem Frauen neigen dazu, ihre seelischen Probleme mit Psychopillen «unauffällig» kurieren zu wollen. Noch einige interessante Zahlen: «Adumbran» ist die meistverkaufte Pille. 1981 wurden davon 5,5 Millionen Packungen zu 75 Stück verkauft und 1,2 Millionen Packungen zu 25 Stück. Zur gleichen Zeit wurden vier Millionen Packungen «Lexotanil» zu fünfzig Stück zur «Entspannung, Beruhigung, Stimmungsaufhellung, Antriebsförderung, Kontaktverbesserung» (laut Werbetext) und 2,4 Millionen Packungen zu je zwanzig Stück verkauft. Das sind 1981 allein von den beiden gängigsten Psychopharmaka insgesamt 13,1 Millionen Packungen mit 2227 Millionen Stück mit der Behauptung im Beipackzettel «zur medikamentösen Psychotherapie».

Adumbran und Lexotanil sind nur zwei von 447 in der Bundesrepublik erhältlichen «Psychodrogen». Zu den Psychopharmaka kann auch das Migränemittel «Optalidon» gerechnet werden. Davon werden etwa 2,5 Millionen Packungen pro Jahr verkauft. Optalidon enthält einen suchtbildenden Stoff (Barbitursäure), wie etwa achtzig Prozent der übrigen auf dem Markt befindlichen Präparate.

Diese enormen Zahlen vom Arzt verschriebener «Seelentröster» konkurrieren mit dem rezeptfreien Stimmungsaufheller Alkohol (oft werden Psychopillen und Alkohol sogar gemischt, um die Wirkung zu verstärken!). Zusammengenommen zeigt das deutlich, welche Probleme in unserer Gesellschaft existieren – das allerdings unter einer Decke der Verschwiegenheit und Verharmlosung. Wer redet schon offen darüber, daß er sich Psychopharmaka verschreiben läßt, wer gibt zu, daß er täglich zwei Flaschen Rotwein trinkt oder sich abends ein Viertel Korn oder Whisky einverleibt? Diese «Chemotherapie» geschieht mit der Rationalisierung «Streß, Migräne, Schlafstörungen, Abgespanntheit, Herzbeschwerden, Magengeschwüre usw.». Man weist eine körperliche Störung vor, gar eine Erbkrankheit, um das Alibi zu haben, ganz legal behandlungsbedürftig zu sein. «Seelisch ist alles o.k. Psychisch krank? Nein, überhaupt nicht!» Ein weiteres Problem: Die Ärzte verabreichen die Chemotherapie als Psychotherapie und verdrängen, daß es seit Sigmund Freud, dem Begründer der Psychoanalyse, also seit dem Beginn dieses Jahrhunderts, eine wirkliche Psychotherapie gibt, die völlig unabhängig von Psychodrogen Seele und Geist behandelt. Wenn die Techniker und Physiker die Erkenntnisse zu Beginn dieses Jahrhunderts so vernachlässigt hätten, wie die Medizin die Psychotherapie vernachlässigte, hätte es die Entwicklung der heute selbstverständlichen Geräte zur Arbeitserleichterung und der Unterhaltungselektronik nicht gegeben. Leider konnte Sigmund Freud nicht die gleiche Euphorie wecken wie die Techniker. Psychoanalyse ist eben kein Konsumartikel.

2
Gelassenes Denken

«Der Mensch ist um so reicher,
je mehr Dinge er liegenlassen kann.»

HENRY DAVID THOREAU

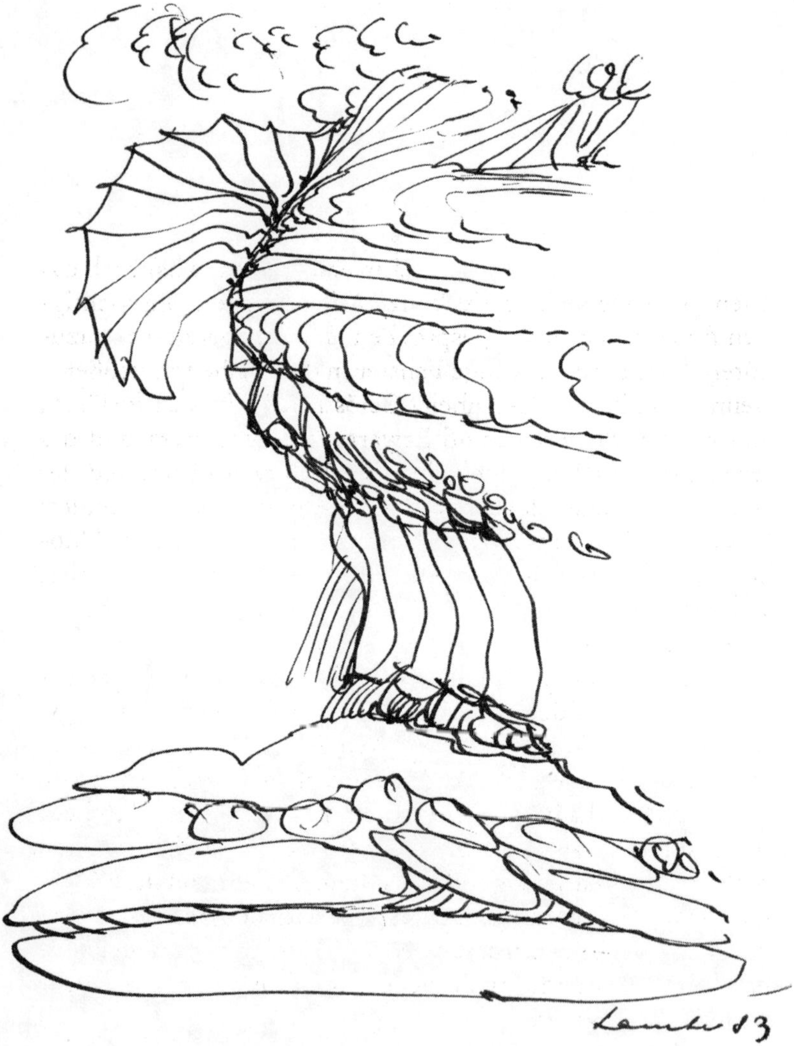

Im ersten Kapitel habe ich das Thema Gelassenheit bereits konzentriert anvisiert, die wichtigsten Aspekte wurden angesprochen, und wer bereit war zuzuhören, konnte schon einige Fenster in die Freiheit aufstoßen – wenn er wollte. Gelassenheit, Gelöstheit heißt sich loslösen, von Regeln, Sicherheit und Erwartungen; das Herz und das Gehirn frei machen, damit die Seele sich weit öffnet und der Wind des Lebens, der Atem der Lebensenergie, ungehindert hindurchwehen kann. Daß dabei Psychopharmaka und Alkohol eher hinderlich als förderlich sind, ist für mich und viele andere selbstverständlich, trotzdem wollte ich es nochmals ausdrücklich erwähnen.

Ich hoffe, daß die Mediziner die Ergebnisse der Expertenuntersuchung in den nächsten Jahren in der Verschreibungspraxis auch in die Tat umsetzen. Keiner kann jetzt mehr sagen, er hätte es nicht gewußt. Ich meine, daß das Verschreiben von Psychopharmaka bei psychosomatischen Störungen nach heutiger Kenntnis als ärztlicher Kunstfehler angesehen werden muß. Psychopharmaka sind nur angebracht vor und nach Operationen oder bei schweren akuten seelischen Schockzuständen, aber nicht zur Daueranwendung über Wochen oder Monate. Das führt in die Sucht oder zu unvorhergesehenen organischen Schädigungen.

Psychopharmaka sind eine segensreiche Erfindung, wenn sie situativ eingesetzt werden wie die Röntgendiagnose, die bei zu häufiger Anwendung auch schädlich ist. Psychopharmaka ersetzen keine Psychotherapie. Ich verstehe allerdings gut, daß sie als Pseudopsychotherapie von den Medizinern in überfüllten Praxen eingesetzt werden. Das medizinische Versorgungssystem ist so straff eingespielt, daß sich eine Gesprächspsychotherapie von einer halben oder ganzen Stunde für den Mediziner finanziell nicht lohnt. Auch dafür habe ich Verständnis, aber skandalös ist die Tatsache, daß die Fachkräfte, die für diese Gespräche ausgebildet sind, nämlich die Psychotherapeuten und Diplompsychologen, mit den Krankenkassen nur mit großen Schwierigkeiten und meist überhaupt nicht ihre Leistungen abrechnen können. Die Krankenkassen sollten möglichst bald einen «Psycho-Tarif» einführen, so wie auch der Zahntarif eingeführt wurde, als man feststellte, daß in einer modernen Zivilisation die zahnärztliche Betreuung eine medizinische Notwendigkeit für jeden Bürger darstellt.

Auch die psychische Beratung in Konfliktsituationen ist in der heutigen streßintensiven Industriezivilisation eine Notwendigkeit. Es ist verständlich, daß die Kassen nicht leisten wollen, wenn für eine Leistung keine Beiträge entrichtet werden. Der Psychotarif könnte zunächst einmal auf freiwilliger Beitragsbasis eingeführt werden. Die Dringlichkeit und Notwendigkeit ist offensichtlich, denn Mediziner diagnostizieren bei etwa 50 Prozent aller Diagnosen psychische Ursachen für die organische Erkrankung. Die Überweisung des Patienten an einen Psychologen oder Psychotherapeuten wäre also aus rein medizinischen Gründen angebracht.

Aber – leider – die Psychotherapeuten und Psychologen haben ein schlechtes Image. Sie konnten die Bedeutung ihrer Position für die Gesunderhaltung des Körpers nicht genügend deutlich machen. Die berühmtesten Psychotherapeuten sind nach wie vor die Pioniere Sigmund Freud, Alfred Adler und Carl Gustav Jung. Die Entwicklung ging in der Zwischenzeit weiter, davon weiß der Laie jedoch sehr wenig, bis auf einige spektakuläre Ereignisse wie z.B. die «Urschrei-Therapie» oder «Gruppentherapien» aller Arten.

In der Presse wird über neue Methoden der Psychotherapie meist in ironischer, überkritischer und skeptischer Weise informiert. Das liegt u. a. auch daran, daß die Psychotherapie sich in einem staatlich nicht voll unterstützten, auch berufsrechtlich ungeklärten Rahmen abspielt. Wäre die Psychotherapie anerkannte Kassenleistung, würde über neue Methoden mit mehr Sachlichkeit und Ernsthaftigkeit berichtet.

In meine Kölner Praxis kommen auch Journalisten, die bei Zeitschriften sowie Rundfunk- und Fernsehanstalten beschäftigt sind. Auf Grund der Lektüre meiner Bücher haben sie Vertrauen zu mir gefaßt und lassen sich bei Eheproblemen, Berufskrisen oder allgemeinen psychischen Störungen von mir beraten. Sie kommen heimlich, niemand darf davon wissen, absolute Diskretion wird von mir natürlich auch gewährleistet. Sie lauschen meinen Worten andächtig und sind sehr aufgeschlossen. Sie wären aber nicht bereit, über meine Bücher eine Sendung zu machen oder in ihrer Zeitschrift ein Interview mit mir zu veröffentlichen, weil sie wissen oder zumindest spüren, daß sie bei ihrem Chefredakteur auf Skepsis stießen. Ein ironisch herablassender Kommentar ja, aber keine objektive, in die Tiefe lotende Betrachtung über psychische Probleme und die Erkenntnisse des Psychologen Lauster.

Sicher, ich werde von Zeitschriften und Illustrierten mitunter um meine Meinung gebeten, es geht um Fragen wie: Warum springen Selbstmörder von der hohen Europabrücke? Können Kinder ohne Vater heranwachsen? Schadet ein Seitensprung der Ehe? Kann Prinz Claus von seiner Depression geheilt werden? Ist Alkoholismus heilbar? Ist Prinzessin Diana psychisch gestört? Wird Tina Onassis mit ihrem Russen glücklich? Sind Spitzenmanager anders als andere Angestellte? Ist Krebs auch psychisch bedingt? Was verraten Blumen über die Seele des Menschen? Warum lassen sich immer mehr Frauen scheiden?

Welche Eigenschaften besitzt ein guter Ehemann? Sind Karrieremänner schlecht im Bett? Haben Männer einen Sexkomplex? Ist Onanie schädlich? Und so fort, Hunderte solcher Themen in Hunderten von Varianten. In die Tiefe will dabei kein Journalist gehen. Es wird mir immer wieder gesagt: «Dazu fehlt uns einfach der Platz.» Man begnügt sich gerne mit oberflächlichen Stellungnahmen, will nur psychologisch bestätigt wissen, was der Journalist als Laie selbst denkt oder was die Meinung der Leser unterstützt. Eine davon abweichende, aufregende, neue, auslotende Interpretation ist nicht erwünscht. Das ist eine sehr betrübliche Erfahrung für mich, dennoch stelle ich mich nicht auf ein Podest und fühle mich über die Massenmedien erhaben, weil meine Botschaft nicht genügend gewürdigt wird.

Den Erziehungspersonen verzeihen

Heute sprach ich mit einer Frau, 45 Jahre, seit 23 Jahren verheiratet, zwei Kinder, halbtags berufstätig. Sie wirkte anfangs sehr sachlich, nüchtern und intelligent, denn sie hatte sich eine recht perfekte Maske der Lebenstüchtigkeit antrainiert. Sie erzählte von ihrer Ehe und den vergangenen 23 Jahren. Ihre Tüchtigkeit wurde von ihrem Mann offenbar sehr geschätzt, denn es fiel ihr leicht, sich im Alltag bei auftretenden Konflikten Respekt zu verschaffen und selbstbewußt aufzutreten. Ihre Stimme wurde zunehmend erregter: «Ich habe mein bisheriges Leben gut gemeistert, mein eigentliches Problem sieht mir niemand an, ich bin unterschwellig sehr aggressiv. Wenn ich meine Eltern besuche oder sie bei uns zu Gast sind, fühle ich mich wie ein kleines Kind, und ich hasse diese Unsicherheit, die mich dann überfällt. Danach steigt eine ungeheure Aggression in mir hoch, ich glaube, ich wäre dann in der Lage, meinen Vater umzubringen. Meine Mutter verachte ich. Es ist für mich ganz schrecklich, mit diesen Aggressionen fertig zu werden, weil sie nicht zu meinem Selbstbild passen. Ich verzehre mich manchmal nachts stundenlang, während mein Mann ruhig und zufrieden schnarcht, mit diesen Aggressionen, die keine Erfüllung finden, ich fühle mich dann wie ein kleines Kind und möchte vor Zorn strampeln und beiße auch in mein Kissen. Wie soll ich damit fertig werden?»

Solche Aggressionen sind nichts Ungewöhnliches. Immer dann, wenn wir uns in einer Konfliktsituation befinden, in der wir uns wehren wollen, aber aus Angst oder Diplomatie dann doch «klein beigeben»- entsteht ein ungelöster Spannungskomplex, eine aufgestaute aggressive Energie, die natürlich zur Entladung drängt. Es ist verständlich, daß eine Verdrängung nicht immer möglich ist, mitunter steigt eine frühe Erinnerung wieder auf, und die Aggression gegen den unterdrückenden Erzieher ist aktualisiert.

Ich antwortete der Frau: «Wehren Sie sich nicht gegen auftauchende Aggressionen, sondern lassen Sie sie zu. Betrachten Sie die Aggressionsgefühle von allen Seiten, so wie Sie einen Schmetterling oder eine Orchidee betrachten würden. Aggressionsgefühle sind es wert, betrachtet zu werden, sie sind nichts Unbedeutendes, sondern etwas sehr Wichtiges und Interessantes. Verdrängung oder Verleugnung macht die Wut unberechenbar, nur die genaue Betrachtung macht mit der Aggression vertraut und baut die Angst davor ab. Die Aggression soll aus der Finsternis der Verdrängung hervorkommen ins strahlende Licht der Bewußtheit, nur so kann dieses aufgestaute Gefühl an Wirkung auf Seele und Geist verlieren. Das Gefühl darf rückhaltlos ausgefühlt werden, die Aggression auf Ihre Eltern ist nichts Schlechtes – schlecht ist nur die Verdrängung. Es ist psychologisch ganz verständlich, daß gegen den Unterdrücker, der die Lebensenergien begrenzt, der Wünsche beschneidet und natürliche Impulse kritisiert, Aggressionen entstehen, die aus Angst vor Liebesverlust oder Strafe nicht gezeigt werden.»

Würden wir unsere Aggressionen sofort in der jeweiligen Situation ausdrücken und ausreagieren können, würden die Eltern das mit Nachsicht und Weitsicht gestatten, wäre das Problem ein für allemal erledigt – wir wären befreit, gereinigt. Da es aber nicht zugelassen wird, führt das Gefühl ein dunkles, nicht mehr kontrollierbares Kellerdasein, es spukt in den Tiefen der Motivbildung herum und kommt an erwarteten, aber auch an vielen unerwarteten Stellen plötzlich hoch, so daß wir vor diesem «Phänomen» in uns selbst erschrecken.

Aggressionen gegen unsere Erziehungspersonen sind eine psycho-*logische* Sache, nichts Außergewöhnliches, Unmoralisches oder Erschreckendes. Wir müssen uns selbst nicht dafür verurteilen, zu der Aggression sollte nicht noch ein Schuldgefühl, eine moralische Verurteilung der eigenen «schlechten Seele» hinzukommen. Etwas Natürliches ist nichts Falsches.

Wir sollten zu uns selbst stehen, uns zu unseren Gefühlen offen bekennen, sie moralfrei betrachten, sie neugierig interessiert ans Tageslicht aufsteigen lasen, sie im hellen Sonnenschein der Bewußtheit bestaunen, das ist der erste Schritt. Die Aggression verliert an rumorender Kraft, sie flutet heraus, wir können schreien, weinen, schluchzen und um uns schlagen, das Aggressionsgewitter darf sich ereignen und entladen. Ein Psychotherapeut z. B. ist Hebamme, indem er diese Gefühle hervorlockt und ihren Ausdruck ermuntert. Der künstlerische Mensch wählt den Umweg über den Ausdruck mit Farben, Tonen oder sprachlichen Formulierungen.

Am Betrachten der Aggressionen führt kein Weg vorbei. Erst danach kann der zweite Schritt erfolgen, den Personen zu verzeihen, die unsere Wut hervorgerufen haben. Erst wenn wir alle Wut ausgelebt haben, können wir wirklich verzeihen; davor ist Verzeihen nur ein Lippenbekenntnis, kommt aber nicht von Herzen, nicht aus dem Kern der Seele. Ausleben führt automatisch zum Verzeihen, man braucht gar nichts weiter aktiv zu unternehmen. Beobachte Kinder, die vor Wut und Zorn beben, die um sich schlagen und vital schreien, dann intensiv vor Wut weinen, sie sind danach von selbst ruhig und ausgeglichen. Das Gewitter ist vorübergezogen, und die Landschaft atmet danach ruhig und entspannt, sie duftet und dampft, sie hat der Schwüle und dem Donner verziehen. Im Ausleben der zornigen, wütenden, aggressiven Gefühle ist das nachfolgende Verzeihen enthalten.

Aber Achtung, es gibt natürlich keine Aggressionsfreiheit auf Dauer, denn die Situationen, die Aggression und Wut geweckt haben, sind durch Verzeihen nicht aus der Welt, sie tauchen in ähnlicher Weise immer wieder auf, man will uns täglich aufs neue unterdrücken, jetzt nicht mehr die Eltern und Lehrer, sondern Chefs, Bekannte und der Ehepartner. Das gleiche Spiel geht weiter.

Angst und Aggression können nur verhindert werden, wenn man sich mit der Reizauslösung so beschäftigt hat, daß die Einstellung sich verändert, dann kann das Verzeihen bereits dasein, bevor die Aggressionsauslöung erfolgt ist. Das geschieht aber nur dann, wenn die Erlebniswelt sich durch eine andere Einstellung verändert, wenn man die Dinge in anderem Licht sieht, dann läßt einfach kalt, was einen zuvor gereizt hat.

Entrümpelung des Geistes

Der Geist ist nicht nur der Ort des logischen Denkens, sondern er ist auch ein Gefäß, das angefüllt ist mit Erfahrungen, Wissen und Lebensregeln. Er ist mit seiner Leistungsfähigkeit der Intelligenz nicht nur ein Werkzeug, sondern auch eine

Schatzkammer oder eine Rumpelkammer, je nach den Inhalten, die hier gelagert sind. Das Gehirn ist auch Speicher (also Gedächtnis), der alles aufnehmen kann, Wissen über Astronomie, Kenntnisse über das Angeln, aber auch Meinungen über Moral, Religion, Lebensphilosophie usw.

Ich möchte einen Gang über einen Kölner Marktplatz schildern: Ich will auf dem Markt ein Kilo Nektarinen kaufen. Viele Menschen schieben sich durch die schmalen Gänge der Stände. Die Sonne scheint, und ihre Strahlen wärmen das Gesicht, denn die Luft ist noch etwas kühl. Die Menschen gehen an mir vorüber, ich schaue ihnen ins Gesicht, lese in ihrer Mimik, Physiognomie und Gestik. Gesichter tragen Spuren der Vergangenheit, zeigen vererbte Merkmale der Nationalität und aktuelle Stimmungen der Seele und Lebenseinstellungen. Die Inhalte des Geistes drängen nach draußen, sie werden im Gesichtsausdruck sichtbar und lesbar. Eine Türkin steht an einem Stand, sie zeigt wenig Aufmerksamkeit, schaut unter sich, wirkt sehr introvertiert.

Ein Mann geht mit aufrechtem Gang durch die Menschen, er ist breitschultrig, die Mitmenschen sind für ihn Gegner, die er in der Regel durch rücksichtslosen Einsatz seiner Körperlichkeit «an die Wand drückt». Sein Gesichtsausdruck zeigt Unzufriedenheit und Aggressivität. Er fixiert mit seinen Augen die Blicke und wartet darauf, daß die Menschen wegsehen. Er provoziert, das ist seine gestörte Art von Selbstentfaltung.

Eine Frau geht vorbei, etwa vierzig Jahre alt, sie ist nicht hübsch, ihre Gesichtsfarbe ist grau, ihre Nase spitz, um ihren Mund spielt ein unzufrieden-überheblicher Zug. Ihr Geist ist randvoll mit Kritik, Skepsis und Abwertung der Mitmenschen, ihres Lebens, ihrer Umstände, ihrer Ehe ... Ein Mann kommt mir entgegen, korrekt gekleidet, aufrechter, steiler Gang. Er macht sparsame Körperbewegungen, hält den Kopf sehr gerade und ruhig, nur die Augen gehen lebhaft hin und her. Er zeigt Haltung, ist sehr beherrscht, ist ein scharfer Beobachter. Er hat Prinzipien, könnte kaufmännischer Angestellter oder

Beamter auf einer Behörde sein. Er drangsaliert mit seinen Prinzipien sicherlich seine Frau und die Kinder.

Diese Gedanken mache ich mir nicht in dieser Reihenfolge und mit den gleichen Worten, die ich jetzt niederschreibe. Ich nehme den Gesamteindruck wahr, und dabei erfasse ich alle Signale des Ausdrucks, die der Mensch unbewußt aussendet, wesentlich mehr, als ich jetzt niederschreibe – und alles ist in zwei, drei Sekunden gegenwärtig, das soziale Umfeld, in dem er lebt, die finanziellen Verhältnisse, das Mietshaus, die Art der Wohnung, das Mobiliar, die Freizeitgestaltung, die Art, wie er mit seinen Kindern redet, der Sprachstil, alles ist in seinem Geist gespeichert und drückt sich in seiner Physiognomie und im Verhalten aus.

Ein junges Mädchen kommt mir entgegen, etwa neun Jahre alt, die Gesichtszüge sind weich, verschwommen, noch unausgeprägt. In ihrem Gesicht steht noch nichts «geschrieben», es ist noch offen, der Geist ist noch nicht randvoll mit einem «Wissen» über das Leben, über sich selbst und die Mitmenschen. Am Stil der Kleidung ist die soziale Schicht zu erkennen, der Faltenrock ist schmutzig, die Lederjacke war teuer. Die Haare sind lang und gepflegt, modische Spangen sind in die Frisur gesteckt. Sie hat noch nicht die Verführung von Jungen im Kopf, aber die Kontrolle der Schönheit, Grazie und Äußerlichkeiten in der modischen Kleidung ist ihr schon einprogrammiert. Sie kann das noch alles vergessen, aber plötzlich sieht sie sich in einem Spiegel an einem Textilienstand, und sie streicht sich den seitlich aufgebauschten Rock zurecht, betrachtet auch kurz ihr Gesicht, die Gesichtszüge erstarren für kurze Zeit, sie macht das beherrschte, für viele Menschen typische «Spiegelgesicht», geht weiter, vergißt es, und ihre Gesichtszüge entspannen sich wieder.

Zwei junge Männer kommen mir entgegen, etwa siebzehn oder achtzehn Jahre alt, sie lachen, stoßen sich an, einer schubst den anderen, sie sind albern, etwas laut und rauh, die Stimme absichtlich tiefer. Sie wollen jung und unkompliziert sein, werden jedoch immer wieder von ihrer Selbstkontrolle an die Männlichkeitsrolle ermahnt, dominant zu sein, zu beeindrucken, kraftvoll und imponierend zu wirken. Sie wollen sich gerne über das alles erheben durch eine laute «Alles-Scheiße-Sprache», sie versuchen, die Rolle unbewußt abzuschütteln wie das junge Pferd den ersten Sattel, aber sie bekommen den «Sattel in ihrem Geist» nicht los. Eine Frau geht vorbei in verwaschener violetter Sackhose und grau-violettem, weitem Pullover. Ihre Weiblichkeit ist nur an den langen Haaren erkennbar. Sie ist völlig ungeschminkt, sieht aber dennoch nicht natürlich aus. Ihre Gesichtszüge wirken wie erfroren, hart und doch sehr sensibel. Sie lehnt die Rolle der verführerischen Weiblichkeit ab, dennoch ist sie nicht ganz frei davon, sie ist gefangen im Gegenbild, sie erstarrt in bewußter Unattraktivität und Abwehrhaltung, sie versteckt ihre Sensibilität, möglicherweise sogar eine starke Sexualität, die ihr Angst macht. Vielleicht wurde sie einmal von einem Mann sehr verletzt und kämpft jetzt gegen ihre Weiblichkeit, sie hat eine feste Meinung, die sie auch aggressiv vertritt: Ich weiß, was ich will und nicht will!

Warum habe ich diesen Gang über den Markt so subjektiv beschrieben? Ich wollte zeigen, wie der aufmerksame Betrachter von Mimik und Gestik die Inhalte des Geistes der beobachteten Menschen an «Äußerlichkeiten» erkennen kann, denn das Innere drängt unbewußt nach außen, sowohl das Gerümpel als auch die Schätze, kreative wie destruktive Gefühle, die Lebenseinstellungen jeder Art. Diese Signale kann jeder empfangen, der aufmerksam hinsieht. Natürlich ist das keine wissenschaftliche Analyse der Mitmenschen, es ist eine subjektive Betrachtung, die vielen Fehlern unterliegt, denn die Wahrnehmung wird ja auch von der Stimmungslage der eigenen Seele beeinflußt. Dennoch empfehle ich, die Mitmenschen genau zu betrachten und die persönliche Wahrnehmung der Signale aus der Tiefe der Seele und des Geistes zu schärfen.

Seelenleben wird sichtbar

«Was ist eigentlich Seelenleben? Was ist die Seele?» werde ich oft gefragt. Was ist die Seele für ein seltsames Organ, das die Chirurgen nicht herausoperieren und vorzeigen können?

Die Seele existiert physikalisch gesehen nicht, sie ist kein Organ wie die Nieren oder die Leber, sie spielt sich auch nicht an einem bestimmten Ort ab, wie z. B. im Herzen oder im Gehirn. Sie ist allgegenwärtig, unter der Haut, wenn etwas plötzlich ängstigt oder besonders schön ist, im Herzen, wenn es sich weitet vor Freude oder zusammenkrampft bei Wehmut und Leid, in den Blutgefäßen, wenn Liebe die Wangen rötet, im Gehirn, wenn eine Konfliktsituation Kopfschmerzen bereitet, im Kreislauf, wenn die Lebenslust den Blutdruck steigen läßt, in den Beinmuskeln, wenn sie schwach werden, wenn ich eine Hiobsbotschaft erhalte, im Rücken, wenn er sich beugt vor Gram und Melancholie. Über das weitverzweigte Nervensystem erreicht die Seele jedes Organ und jede Körperregion bis zur Hautoberfläche, und sie nimmt sogar Kontakt zur Außenwelt auf, indem sie die Haut trocken oder feucht macht. Der Körper ist eine äußere Erscheinung, belebte Physik und Chemie, das Werkzeug der Seele. Die Seele ist der Chef. Deshalb betone ich immer wieder: Die Seele schafft sich einen gesunden oder kranken Körper, je nachdem, sie ist die Ursache für Organstörungen, Erkrankungen, Vitalität, Aufblühen oder Absterben.

Deshalb hat es wenig Sinn, Sport zu treiben, wenn die Seele nicht mitspielt. Der Hebel für die Gesunderhaltung sollte an der Seele angesetzt werden, nicht am Körper. Natürlich sind zuallererst die Elementarbedingungen für einen gesunden Körper zu erfüllen, nämlich ausreichende Nahrung, frische, gemischte Kost, ausreichender Schlaf, körperliche Bewegung, keine einseitige Muskelbelastung im Beruf. Auf der Basis dieser Minimalbedingungen bleibt der Körper problemlos gesund. Es sind keine komplizierten Ernährungsregeln erforderlich, keine ausgeklügelten Trimmprogramme für die Muskulatur. Der Körper ist geduldig, er ist mit wenig zufrieden, wenn nur die Seele zu ihrem Recht kommt, dann ist die Atmung in Ordnung, dann reguliert sich der Blutdruck, der so wichtige Nachtschlaf ist erfrischend tief, das Herz stolpert und stockt nicht, es schlägt rhythmisch und kraftvoll, die Verdauung geschieht problemlos, nichts «Unverdauliches» wird hinuntergeschluckt, und nichts wird geizig (besitzgierig) festgehalten.

Die Körperfunktionen geschehen unbemerkt reibungslos, wenn das Seelenleben stimmt. Das Körperleben ist Ausdruck des Seelenlebens. Nicht der Körper steuert die Seele, sondern die Seele den Körper. Sicher, chemische Stoffe sind materielle Substanzen, und sie können über die Blutbahn die Nerven beeinflussen und dadurch die Seele und hierüber wiederum den Körper. Aber das beweist doch nicht, daß die Seele nur etwas Chemisch-Physikalisches wäre. Psychopharmaka sind zwar eine Chemotherapie, aber sie beeinflussen den Körper über ausgelöste seelische Empfindungen. Der große Nachteil ist, daß das Seelenleben durch chemische Stoffe über den Körper gesteuert wird, nicht durch die Seele selbst, denn sobald der chemische Stoff im Körper abgebaut wird, ist der alte Zustand wieder da. Wenn es uns gelingt, mit der Seele direkt in Kontakt zu treten, benötigen wir nicht den Umweg über die chemische Substanz, wir sind dann völlig bewußt, in jedem Augenblick in Verbindung mit Seele, Geist und Körper.

Die meisten Menschen trennen Körper, Seele und Geist. Die einen sind nur Geist, sie wollen nicht wahrhaben, daß sie auch einen Körper haben, ihnen ist ihr Körper sogar peinlich. Die anderen sind nur Körper, sie vertrauen dem Wahlspruch der Griechen, in einem gesunden Körper wohne auch ein gesunder Geist. Sie trainieren ihren Körper, betreiben Sport, gehen schwimmen, machen Waldlauf, Gymnastik, Aerobic, achten auf «gesunde» Ernährung usw. und wundern sich, warum sie trotzdem nicht glücklich und zufrieden sind, warum sie ihre Lebensangst nicht verlieren, warum sie Potenzprobleme haben oder «frigide» sind. Sie trinken keinen Alkohol, um nicht dem Körper zu schaden, aber sie sind nicht glücklich. Ein körperlich hinfälliger Alkoholtrinker ist stundenweise viel glücklicher. Diese Bemerkung ist nicht als Werbung für den Alkohol gedacht.

Die wenigsten Menschen können Körper und Geist vergessen und die Seele in den Mittelpunkt ihres Lebens stellen. Die Seele ist eng verbunden mit dem Geist, mit dem Speicher von Lebensphilosophien, Maximen, Prinzipien, Einstellungen, Vorurteilen, Wünschen und Erwartungen. Körper und Seele harmonieren leicht miteinander, der Störenfried ist immer der Geist. Die Seele kann das Leben nicht in die Hand nehmen, solange der Geist einen zerstörerischen Einfluß ausübt. Dieses Problem müssen wir erkennen. Es geht darum, daß die Seele sich neben dem Geist frei entfalten kann, ohne vom Geist beherrscht und drangsaliert zu werden.

«Seelenleben» kann sich entfalten, wenn die Seele eine Durchgangsstation ist, wenn Transparenz besteht, wenn Eindrücke über die Sinne hereinkommen und ohne innere Blokkierung als Ausdruck wieder heraustreten. Seelenleben ist Eindruck, Transparenz und Ausdruck – so einfach und doch so schwer zu verstehen. Die folgenden Seiten möchte ich dazu benutzen, diesen simplen Vorgang so begreiflich zu machen, daß jeder damit in der Praxis auch umgehen kann. Es sind keine komplizierten Übungen erforderlich, kein Spezialwissen, man muß kein Abitur haben und nicht Psychologie studieren, keine Psychoanalyse absolvieren, um seelisch gesund zu sein. Es ist ganz einfach und sofort möglich: Seelenleben ist der Vorgang: Eindruck, Transparenz und Ausdruck. Es geschieht beim Gesunden ohne Blockierung, keine Energie geht verloren. Die Seele ist eine Durchgangsstation, die Energie fließt nur hindurch.

Modell des Seelen»lebens«

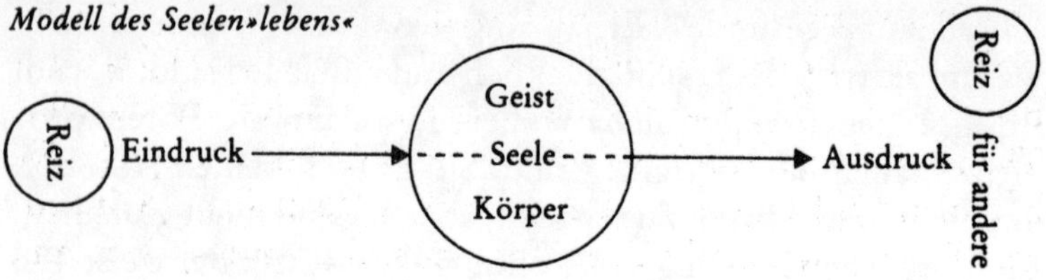

Wenn man die Energie behindert, erst dann entstehen die Probleme, die Störungen, Spannungen und Krankheiten.

Meditieren statt Grübeln

Wenn ich empfehle zu meditieren, höre ich immer wieder den Einwand: «Ich habe den Eindruck, daß mir das ständige Grübeln nicht hilft.» Richtig, Grübeln führt nicht weiter, denn Grübeln ist kein Meditieren, sondern fixiertes Kreisen der Gedanken um immer wieder die gleichen Probleme. Ein vereinfachtes Modell der drei Bereiche:

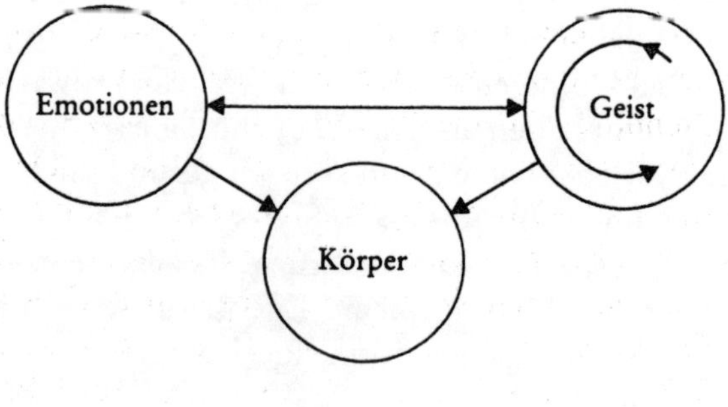

Die Pfeile zeigen, daß sowohl Emotionen als auch Inhalte des Geistes den Körper beeinflussen. Im Geist spielt sich das Grübeln ab, die Gedanken kreisen immer wieder um dasselbe Thema und wiederholen sich im Kreis drehend. Beispiel: «Sie hat mich kühl angesehen. Ob sie mich wirklich liebt? Seit einigen Tagen hatte sie keinen Orgasmus. Sie widerspricht mir, aber dann ist sie wieder sehr anschmiegsam und zärtlich. Ist das Liebe? Liebe ich sie, oder erregt sie mich nur sexuell? Sie ist oft rechthaberisch. Mit ihrer Meinung, daß die Männer nicht wirklich lieben können, hat sie nicht recht, das macht mich wütend. Wenn sie so etwas sagt, kann sie mich doch gar nicht lieben. Sie ist kühl, sie zeigt wenig Emotionen. Tieren, vor allem Hunden gegenüber fließt sie über vor Zärtlichkeit, dann vergißt sie sich selbst. Mir gegenüber verhält sie sich viel distanzierter. Sie sagt zwar, daß sie mich liebt, aber liebt sie mich wirklich?»

Der Geist kommt nicht zur Ruhe, die Gedanken drehen um die Frage: «Ob sie mich liebt?» So kann ich dieses Problem nicht lösen. Das Grübeln selbst wird noch zu einem zusätzlichen Problem. Grübeln kann zur Gewohnheit werden, das Gedankenkarussell dreht sich, und ich kann nicht aufmerksam für das sein, was um mich herum geschieht, denn ich bin total gefangen im Grübelkreislauf. So wird mein Leben immer enger, nicht weiter. Der Geist versucht, die Probleme durch Gedanken, Einfälle und Ideen aufzulösen; weil das nicht gelingt, nimmt die Grübelei kein Ende.

Meditieren ist etwas ganz anderes. In der Meditation übernimmt nicht der Geist die Oberhand, sondern er verhält sich zurückhaltend, er läßt die Emotionen zu ihrem Recht kommen, die Sinnesorgane und die Körper-Seele-Einheit öffnen sich. Nicht Gedanken beherrschen die Szene, sondern der Augenblick mit seinen gegenwärtigen Reizen. Die Gedanken zerfallen in sich, sie treten in den Hintergrund zurück, und im Geist breitet sich Stille und Ruhe aus. Diese Stille ist entspannend und beglückend, auf der Basis dieser Stille kann sich

Neues ereignen, kann der lebendige Augenblick in mich eintreten und die Frische des Erlebens erzeugen.

Ein Mensch, der grübelt, der «Probleme wälzt», nimmt nur wenig wahr, er tagträumt, er ist stumpf und verschlossen. Einer, der meditiert, nimmt dagegen alles wahr, was im Augenblick geschieht, er ist hellwach und geöffnet. Das ist der wichtige Unterschied, Grübeln und Meditieren sind Gegensätze.

Einer, der sich verliebt, kann in diesem Augenblick nicht gleichzeitig grübeln. Er ist in höchstem Maße wach, offen und aufmerksam, er nimmt mit seiner gesamten Existenz wahr, mit allen Sinnesorganen, er erfaßt mehr als sonst, kein Sinnesorgan hat die Oberhand, alles dringt simultan ein, fließt durch Körper und Seele hindurch, der Geist schweigt. Die Frische des Gefühls, ohne jegliches Nachdenken kontrolliert oder getrübt, diese Frische ist Meditation. Die Seele vibriert, sie schwingt mit. Hierzu ist kein Geist, kein Denken und Grübeln erforderlich, im Gegenteil, Grübeln verhindert diese Vibration.

Meditation kann man nicht durch einige einfache Regeln erlernen. Es hat wenig Sinn, ein Mantra wie z. B. «om, om, om ...» vor sich hinzumurmeln, um auf diese Weise in Meditation zu gelangen. Das ist lächerlich und zeigt, wie wenig Verständnis für das Seelenleben besteht. Es gibt keine «Meditationsübungen». Es hat auch keinen Sinn, sich aus der Welt in die Stille eines Klosters zurückzuziehen, um ruhig zu werden. Die Abgeschiedenheit der Einsiedelei bringt mich keinen Schritt weiter, wenn ich im Anblick der kargen Klosterwände dann doch die Gedanken kreisen lasse und über die Vergangenheit grübele.

Meditation bedarf keines Klosters, keiner Isolation – also keiner Reizentziehung. Ich kann auf den Markt gehen, ins Kaufhaus, in die Diskothek, auf den Fußballplatz, und das Denken hört auf zu kreisen, die Gedanken verflüchtigen sich, wenn ich sämtliche Sinne öffne, die Einlaßtore für das Leben, wenn ich ohne jede Blockierung hindurchziehen lasse, was hereingeweht kommt. Keine Hemmung, keine Anspannung, keine Abwehrhaltung, kein Widerstand – dann können sich die Sinne weiter öffnen, und es entsteht ein Zustand von Klarheit. Die Seele ist transparent, der Augenblick kann hindurchwehen, er kann sich voll entfalten, es entsteht Wachheit und Lebendigkeit, das ist die Voraussetzung für Lebensfreude.

Diese Lebensfreude entsteht nicht durch besondere Übungen und den Einsatz des Verstandes und Willens. Zum Zustand der Glückseligkeit kann man nicht angestrengt hinstreben, er ist nicht das Ergebnis eines Lernvorgangs, wie man z. B. Vokabeln lernt, sondern es geht darum, falsches Anklammern und Streben loszulassen, dann kann die Seele wachsen und reifen. Deshalb kann ein Kind eine «größere, lichtere» Seele haben als der so «kluge Erwachsene», denn viele Erwachsene werden zwar mit den Jahren älter, sie sammeln viel Wissen, aber ihre Seele wird dennoch enger und dunkler anstatt heller und reifer.

Betrachten statt Planen

Wenn ich mit den Menschen rede, erzählen sie mir schnell ihre Pläne. Der eine bereitet sich auf den beruflichen Aufstieg vor, der andere will sich selbständig machen, die eine plant einen Englischkurs auf der Volkshochschule, eine andere plant die Hochzeitsfeier in der Dorfkiche, ein anderer will auf Ibiza ein Café eröffnen, ein anderer malt mir sein Erlebnis mit zwei Frauen im Bett aus, der nächste träumt von den Seychellen, ein anderer will sich scheiden lassen, die nächste ihren Mann zur

Anpassung bringen, die nächste durch die Eheschließung nicht mehr arbeiten müssen, und ein anderer begibt sich auf die Suche nach Gott. Ich schaue mir das alles an, nichts ist zu banal, nichts zu einfach, zu kapriziös, zu kitschig oder zu versponnen.

Betrachtet einmal die Pläne der anderen, ganz wach, ohne Vorurteile, also ohne Aufwertung oder Abwertung. Pläne sind «Hirngespinste», der Geist kann tausend Dinge planen, die Phantasie ist grenzenlos – macht die Phantasie zum Objekt der Betrachtung, die Phantasie der anderen und die eigene. Hoffnungen und Wünsche sind allgegenwärtig, wenn man sich mit Menschen unterhält. Sie schwärmen von Projekten, die sie hinausprojizieren, Projektionen, während die Realität ihren Duft entfaltet.

Die meisten beklagen sich über die Realität und die Mitmenschen, der eine kritisiert seinen Chef, der andere seine Nachbarin, sie ereifern sich in Abwertung, in Kritik und Besserwisserei. So vieles soll anders werden, ist nicht richtig. Der Partner macht dies und das nicht gut, er ist nicht pünktlich, redet zu viel von seinen Hobbies, ist zur Freundin nicht freundlich, ist zu eifersüchtig, will nicht ausgehen, hält nichts von dieser und jener Musik, hat keine Ideen, ist zu melancholisch usw. Warum fällt es so schwer, die Dinge so zu lassen und zu akzeptieren, wie sie nun einmal sind?

Wir wissen alles besser, haben andere Pläne, projizieren unsere Vorstellungen in die Mitmenschen, Freunde, Kollegen und Beziehungen. Die anderen hängen ihren eigenen Projektionen nach, so begegnen sich zwei Projektionen, sie zielen aneinander vorbei, und keiner kann den anderen verstehen. Befremden breitet sich aus, Verstehen wird unmöglich.

Jeder ist auf seine Art ein Weltverbesserer, der eine will, daß alle katholisch sein sollten, der andere möchte die Religionen abschaffen, der nächste akzeptiert nur diejenigen, die den Sozialismus verstanden haben, er diskutiert feindselig mit demjenigen, der Individualismus für das Allerwichtigste hält, das

Unheil kommt für den einen von der Monogamie, für den anderen ist die antiautoritäre Erziehung der Ursprung allen Übels. Jeder kämpft gegen jeden, jeder ist Weltmeister im Besserwissen. Das führt zwangsläufig in ein Streben nach Überlegenheit, nach Bestätigung des eigenen Denkens, jeder will auf seine Weise mit seiner Vorstellung die Welt und die Menschen erretten und erlösen. Der Geist ist ein rechthaberischer Reformator, ein verbissener Streithahn, Das Ich kämpft um Geltung. Alles Kämpferische fordert natürlich Widerstand heraus, denn Gewalt erzeugt Gegengewalt.

Wir müssen das alles lassen, wenn wir gesund werden wollen. Beginnen wir nicht damit, die Mitmenschen zu ändern, sondern uns selbst, beginnen wir beim Nächstliegenden, bei der eigenen Seele, bei unserem Geist und den eigenen Emotionen. Wir müssen uns von alldem lösen, von den eigenen Plänen, auch von denen der anderen, von Theorien, «Ismen» und Systemen. Beginnen wir völlig neu bei dem, was ist. Keine Pläne und Projektionen mehr. Betrachten wir das Gesagte bei uns selbst und den anderen einmal völlig losgelöst von Wünschen und Erwartungen. Kein Streben mehr, kein Ehrgeiz, kein egozentrisches Wollen oder Festhalten: *Loslösung ist die Lösung der Probleme.*

Die Menschen erwarten immer eine Lösung ihres Problems. Sie wollen wissen, wie sie die Eifersucht verlieren, die Angst vor den Mitmenschen, den Neid auf den Erfolg eines Freundes, die Enttäuschung über das «Fremdgehen», die Traurigkeit über ein böses Wort, die Intoleranz des Partners usw. Keines dieser Probleme ist mit dem herkömmlichen Denken lösbar. Wer eine Problem*lösung* sucht, hat damit ein neues Problem, er macht sich verrückt, eine Lösung finden zu müssen, um sich wertschätzen zu können.

Ich sagte einem ehrgeizigen Unternehmer: «Die Lösung des Problems ist die Loslösung vom Problem. Sei gelassen, ohne nachlässig zu sein. Gelassenheit darf nicht mit ‹Schludrigkeit› verwechselt werden – es ist das Loslassen des Problems, das Aufgeben aller Pläne und Kämpfe. Der Kampf ist zu Ende.

Das ist keine Schwäche, sondern Stärke. Der Schwache kämpft, er will immer Stärke beweisen. Der wirklich Starke kann die Dinge geschehen lassen, wie sie geschehen. Die Menschen sind nun mal, wie sie sind, wir sollten sie akzeptieren, ohne sie verändern zu wollen. Wir fragen nicht: Warum sind keine zwei Monde am Himmel, warum ist das Matterhorn so spitz, warum ist die Welle so hoch, warum ist die Mohnblüte nicht gelb? Wir betrachten den im Wind zitternden Mohn ohne Projektion und sind in diesem Augenblick damit zufrieden und ausgefüllt. Aber die Nachbarin, die wollen wir anders haben, den Kollegen prangern wir an, den Ängstlichen nehmen wir nicht ernst, den Unsicheren trösten wir nicht. Gelassenheit heißt, die Dinge geschehen lassen, ohne Gewalt auszuüben und dadurch alles noch schlimmer zu machen. Es muß geschehen, zum Ausdruck kommen, alles hat seinen Sinn und seinen Platz, wie können wir uns anmaßen, darüber ständig zu richten und alles besser zu wissen? Das größte Unheil entsteht durch die Besserwisserei, durch die Verbissenheit einer Heilslehre, denn jedes geplante Heil beschwört das Unheil herauf. Wer den Alkohol verbietet, fördert den Alkoholismus, wer Prüderie will, fördert die Pornoindustrie, wer Wahrheitsfanatiker ist, fördert die Lüge, der Christ erzeugt das Unchristliche, der Kapitalist stärkt den Sozialismus und umgekehrt, der Militarist ruft den Pazifisten hervor, und der Friedensprediger stärkt die Falken, so fördert jede Bestrebung ihre Gegenstrebung, wenn keine Gelassenheit besteht.»

Wir sollten zuerst uns selbst verändern und dann gelassen schauen auf das, was geschieht. Wir sind nur Gast auf dieser Welt, wir sollten uns wie Gäste betragen, das Gastrecht genießen, aber den Gastgeber nicht verändern wollen, er wird sich dafür rächen. Nicht die Angst vor der Rache, nicht Feigheit vor dem Widerstand, nein, es geht um etwas anderes, um die Ausreifung und Weisheit, das Leben zu genießen, zu erfassen, hereinzulassen ohne Zensur, es zu nehmen, wie es ist, Zeitzeuge sein, Leider hat uns niemand erklärt, wie schön es ist, das Leben (die Menschen eingeschlossen) einfach nur zu erleben und nicht zu manipulieren.

3
Selbstbewußtsein und Selbstsicherheit

«Als wir früher
Verstecken spielten,
dachten wir nicht dran,
daß dies eine Vorübung sein könnte.
Wir hatten Spaß an dem Spiel,
das heute Ernst geworden ist
und soviel Wut und Leid erzeugt.

So mancher duckt noch immer
und rennt umher
und sucht.

Andere haben sich so gut versteckt,
daß sie sich selbst
nicht mehr finden.»

Kristiane Allert-Wybranietz

1974 erschien mein Buch «Selbstbewußtsein kann man lernen». Viele grundlegende Ergebnisse der psychologischen Forschung sind in diesem Buch enthalten, die Erläuterung der Gründe für geringes Selbstbewußtsein, eine Analyse der «Minderwertigkeitsgefühle», eine Übersicht über die Methoden der Psychotherapien, die zu mehr Selbstbewußtsein führen können. Das Buch erzielte im Lesering eine Auflage von 220000 Exemplaren, darüber bin ich sehr glücklich.

In der Zwischenzeit sind fast zehn Jahre vergangen, und das Buch ist im Lesering immer noch lieferbar und auch noch im Buchhandel als Taschenbuch erhältlich. Ich möchte mich an dieser Stelle deshalb nicht wiederholen und die Leser der früheren Bücher langweilen, sondern einige weiterführende Gedanken anschließen. Ich erhielt in der Zwischenzeit einige tausend Leserbriefe, die ich teilweise sehr ausführlich beantwortete. «Selbstsicherheit» ist für viele ein großes Problem. Manche Briefe zeigten in erschütternder Weise die Unterdrückung und Erniedrigung, unter der Menschen leiden, wenn ihre Idividualität und der Selbstentfaltungsdrang gebrochen werden.

Ich könnte jetzt an dieser Stelle einige deprimierende Briefe zitieren, in welcher Weise die Entwicklung einer gesunden Selbstsicherheit verhindert wird, von Erziehungspersonen,

Eltern, Lehrern, Chefs oder auch Ehepartnern. Ich möchte mich aber nicht in der Beschreibung der negativen Beispiele verlieren, sondern direkt auf den Weg zu mehr Selbstbewußtsein zugehen.

Ein Maler erzählte mir folgende positive Erfahrung: «Ich zeigte den Mitmenschen früher meine Bilder mit dem Bedürfnis, daß sie sie schön finden sollten, damit ich Lob und Anerkennung erhielt. Ich ärgerte mich danach immer über mich selbst, über die Art, wie ich um eine Anerkennung buhlte. Mein Selbstbewußtsein war von der Meinung der Mitmenschen abhängig. Heute weiß ich, daß das ganz falsch war und meiner Psyche und auch meiner Malerei geschadet hat. Ich schielte nach Anerkennung und Selbstbestätigung, um daraus Selbstsicherheit zu ziehen; aber das ist eine Scheinsicherheit, denn woher will ich wissen, daß der Mensch, der mir zustimmt, recht hat, vielleicht liegt er mit seiner Wertung ganz schief, und sein Lob bestärkt mich in einer falschen Richtung, oder seine Kritik ist falsch aus mangelnder Erfahrung, und er manipuliert mich, etwas zu unterlassen, einen Weg nicht zu gehen, der sehr fruchtbar gewesen wäre.

Heute bin ich von den Meinungen der anderen frei. Ich lasse die Freundlichen mich loben und die Kritischen ihre Besserwisserei entfalten. Ich bin von beiden unabhängig, schaffe meine Malerei, und jetzt ist sie wirklich *meine* Malerei.»

Die Erkenntnis des Malers ist wunderschön, sehr weise, und er wird sich nach meiner Meinung noch zu einem großen Künstler entfalten. Er steht zu sich selbst, ist unabhängig von Anerkennung oder Kritik, er hört nicht auf die Schmeichler und läßt sich von den Pessimisten nicht deprimieren.

Der Künstler ist ein Beispiel, ein Modell, für jeden von uns. Wir sollten uns nicht von der Meinung der anderen beirren lassen, sondern unseren eigenen Weg gehen, das ist Selbstbewußtsein, verbunden mit Selbstsicherheit – sich seiner selbst bewußt und sicher sein.

Der Unsichere hört auf diesen und jenen, er will allen Forderungen gerecht werden, er springt hin und her, je nachdem, wie gerade der Wind weht, er ist heute bescheiden und morgen großspurig, er sucht jetzt die Anpassung, und dann schlägt er über alle Stränge, er greift mal den und mal den Stil auf, widerspricht sich ständig, was heute richtig ist, ist morgen falsch, Wahrheit und Lüge werden auswechselbar, er weiß nicht, wer er ist und was er will.

Selbstbewußtsein heißt: mit innerer Sicherheit und Festigkeit das eigene Lied zu singen, individuell zu sein, anders zu sein, ohne Angst, so zu sein, wie man sich wirklich fühlt, den Mut zu haben, hinzuschauen auf das, was sich in der Seele abspielt, das heißt, authentisch zu sein.

Das ist kein Egoismus und keine Egozentrik, auch kein Ego-Trip. Ego-Trip ist Geltungsstreben, Kampf gegen andere, etwas Besseres sein, sich in den Mittelpunkt stellen, die anderen erpressen oder unterdrücken wollen. Egoismus schielt auf den eigenen Vorteil, Egozentrik baut diesen Vorteil aus, zeigt tyrannische, unterdrückende Züge, strebt danach, sich wohlgefällig in Bewunderung zu sonnen. Bodybuilding z. B. führt leicht zum Ego-Trip. Auch das Achten auf die eigene Schönheit und Darstellung der Intelligenz führt in diese Richtung. Konsum, um zu imponieren, ist nichts anderes als Ego-Trip. Die Selbstsicherheit wird aufgebläht, sie zielt auf die Mitmenschen, Sicherheit gegenüber anderen.

Selbstbewußtsein ist dagegen innere Sicherheit, die dann entsteht, wenn ich bewußt mein Selbst lebe, wenn sich Wahrheit und Wahrhaftigkeit entfalten. Dieser Satz führt uns jetzt über mein Buch «Selbstbewußtsein kann man lernen» hinaus.

Selbsterkenntnis und Selbstbestimmung

Selbsterkenntnis ist die Voraussetzung für Selbstbestimmung und Unabhängigkeit von Fremdbestimmung. Ein vierzigjähriger, erfolgreicher Geschäftsmann erzählte mir: «Im Beruf bin ich erfolgreich und durch Tüchtigkeit, Fleiß und Initiative vorwärtsgekommen. Aber mit meiner Frau bin ich nie so richtig zurechtgekommen. Ich habe sie vor sechzehn Jahren aus Liebe geheiratet. Ich überließ ihr den häuslichen Bereich, sie hat mir zwei Söhne geboren und erzogen. Sie sieht gut aus, ist gesellig und bei unseren Bekannten beliebt, und ich könnte eigentlich zufrieden sein. Meine Freunde sagen: ‹Manfred, du hast aber eine patente Frau.› Niemand sieht in mich hinein und weiß, wie es in mir tatsächlich aussieht. Im sexuellen Bereich z. B. bin ich unbefriedigt, denn sie hat dauernd Migräne oder eine Magenverstimmung, wenn ich Sex will. Sie bestimmt also durch ihre Launen und Ausreden total über mein Sexleben. Erst während der Ehe habe ich bemerkt, daß sie sich im Grund aus Sex nicht viel macht. Einen Orgasmus hat sie in ihrem Leben erst drei- oder viermal gehabt. Sie macht mir keine Vorwürfe deswegen, aber ich habe trotzdem Schuldgefühle.

Sie hat mein Privatleben total im Griff. Sie ruft mich tagsüber im Büro an und checkt, ob es abends eine Verspätung geben wird, eine Besprechung oder ein Essen mit Geschäftsfreunden. Ohne ihre Kontrolle kann ich kaum einen Schritt unternehmen, denn sie ist sehr eifersüchtig. In die Erziehung der beiden Kinder läßt sie sich überhaupt nicht hineinreden, hier habe ich gar nichts zu sagen, es geschieht nur das, was sie für richtig hält. Sie bestimmt auch über meine Kleidung, wenn ich mir mal selbst etwas kaufe, macht sie es so lange schlecht, bis ich es im Schrank hängenlasse. Ich soll nur das anziehen, was sie für mich gekauft hat oder wobei sie mich beraten hat. Ich soll mich total konservativ kleiden.

Sie greift sogar in meine private Lektüre ein. Als ich einmal das Buch ‹Der dressierte Mann› von Esther Vilar mitbrachte, war es am anderen Tag verschwunden mit dem Kommentar: So einen Blödsinn solltest du nicht lesen, du machst dich ja lächerlich. Sie äußert sich immer sehr bestimmt, mit einer etwas harten und eindringlichen Stimme, ihr nicht zu widersprechen. Wenn ich es dennoch wage, wird sie laut, noch eindringlicher, leicht aggressiv und gereizt, bedrohlich wirkend, und ich bin dann um des lieben Friedens willen lieber still. Sie bestimmt, was gegessen wird, wieviel ich trinken darf, welcher Film gesehen wird, welche Leute eingeladen werden und welche ‹unmöglich› sind, wann wir zu Bett gehen und welches Möbelstück angeschafft werden soll. Sie überwacht natürlich auch mein Konto, und sie wacht über mein Denken. Wenn ihr ein Gedanke, eine Idee nicht paßt, dann zieht sie über die ‹Idiotie› einer solchen Denkweise leicht aggressiv her, so daß ich lieber aufhöre, den Gedanken weiterzuspinnen. – Ich kann sagen, daß ich meine Frau heute nicht mehr liebe, und dennoch fällt es mir schwer, mich scheiden zu lassen – ich bin trotz allem von ihr abhängig. Ich bewundere ihre Konsequenz und ihre Dominanz, mit der sie bestimmt. Sie ist sich immer so sicher, davon bin ich oft ganz verunsichert. Und je unsicherer ich bin, desto sicherer tritt sie auf. Ich kann sie nicht lieben, ich bin sicher, sie liebt mich auch nicht, aber wir brauchen uns, sie braucht mein Geld; ich muß fleißig arbeiten, damit sie weiterhin die ‹Frau des Hauses› spielen kann, und ich brauche ihre Ausstrahlung von Sicherheit, wenn ich mich entscheiden soll.»

Aus Erfahrung weiß ich, daß es in vielen Partnerschaften des Mittelstandes ähnlich aussieht: Der Mann arbeitet, verdient das Geld, und die Frau sieht ihre Selbstentfaltung als Mutter und Hausfrau, Hüterin des Heimes und der Partnerschaft, sie entscheidet über die richtige und falsche Moral, über die «richtigen» Einstellungen und die Lebensphilosophie. Sie zensiert das Denken durch Ausübung von psychischem Druck bis zum Psychoterror, sie unterbindet Selbstentfaltung und Selbstbestimmung und übt mit Dominanz die Macht der Fremdbestimmung aus. Hat sie erst ein oder zwei Kinder geboren und steckt der Mann mitten im beruflichen Aufstieg, erkennt sie ihre Chance, diese Machtposition auszubauen. Der Mann bleibt meist auf der Strecke, er gibt auf, nach Selbsterkenntnis zu forschen und Selbstbestimmung zu entwickeln, er beginnt, die Fremderkenntnis zu übernehmen und sogar zu fragen: Wie findest du das? Wie gefällt dir dieses? Wie hättest du hier reagiert? Was ist deine Meinung zu dieser Frage?

So nistet sich die Fremdbestimmung mehr und mehr im Geist ein, und es entsteht langsam Abhängigkeit bis zur Sucht. Schließlich glaubt er wirklich: Ich kann ohne dich nicht mehr leben. Ich kann dich nicht mehr loslassen, obwohl ich dich nicht liebe. Das Defizit an Selbsterkenntnis läßt die Seele jedoch nicht zur Ruhe kommen; Unzufriedenheit macht sich breit. Niemand fühlt sich wirklich wohl ohne Selbstfindung und Selbstbestimmung. Der Fremdbestimmer mag zwar über Jahre hinweg erfolgreich sein, aber die Zeitbombe tickt, die Explosion geht entweder nach innen und es entstehen psychosomatische Symptome aller Art, oder sie zielt nach außen, und es kommt der Tag, an dem in einem aggressiven Ausbruch die Partnerschaft zerbricht, in unverzeihlicher Gewalttat, oder der Entschluß zur Scheidung reift, trotz der Kinder, trotz Rentensplitting, drohender Unterhaltszahlung und empfindlicher finanzieller Einbußen. Die Selbstbestimmung wird zu einem sehr, sehr schmerzlichen Prozeß.

Selbstsicherheit – Angstfreiheit

Selbstsicherheit breitet sich erst dann in der Seele aus, wenn ich mir innerlich so sicher bin, daß mir kein anderer mehr Angst machen kann, kein anderer Mensch, keine Situation, keine Zukunftserwartung und keine Religion. Wenn ich über die Straße gehe und ein Auto plötzlich mit quietschenden Bremsen heranfährt, dann erschrecke ich natürlich, das ist normal, aber zehn Minuten später ist der See wieder ruhig. Das ist nicht die Angst, die mir die Selbstsicherheit raubt; es sind die schleichenden Ängste, z. B. die Angst, nicht für voll genommen zu werden, es nicht «recht zu machen», eine Moral nicht zu erfüllen, eine Erwartung anderer zu enttäuschen.

Ich wurde von einem jungen Mann gefragt: «Wie kann ich selbstsicherer werden? Ich habe Angst, von den anderen abgelehnt zu werden, weil ich nicht witzig sein kann, ich bin innerlich bei Geselligkeiten so verkrampft, und dann kann ich überhaupt nicht spontan und locker reagieren. Das macht mir fürchterliche Angst, das quält mich sogar richtig.»

Wie soll man selbstsicher sein, solange man diese Angst hat, nicht schnell und flexibel zu antworten und nicht witzig zu sein. Haben Sie schon mal beobachtet: Schöne Menschen sind oft sehr unsicher, sie haben Angst, nicht schön genug zu sein. Und intelligente Menschen sind oft sehr leicht durch einen kritischen Einwand zu verunsichern, weil sie ihre Intelligenz fühlen und deshalb auf sie achten und darauf Wert legen, daß sie bemerkt und geschätzt wird. Kreative Menschen sind oft sehr empfindlich, wenn sie nicht gebührend beachtet werden, weil sie spüren, daß sie etwas zu sagen haben, daß sie neue Ideen haben. Manche Genies sind so sehr in Hektik, weil sie Angst haben, daß ihre Begabung nicht erkannt werden könnte. Sie leiden unter dem Problem: Je begabter sie sind, desto schwerer ist es oft, sich verständlich machen zu können, weil sie in ihrer Genialität von der Norm abweichen, weil sie oft eine Sprache sprechen, die für die anderen nicht immer leicht verständlich ist.

Eine Stärke ist häufig der Ursprung für Ängste und Unsicherheiten. Selbstsicher sein heißt, um es ganz deutlich zu sagen, *angstfrei* zu sein, sich ohne Blockierungen entfalten zu können, ohne nach irgendeinem Beifall zu schielen, egal von welcher Seite er kommen mag. Wir sind oft so abhängig vom Lob, so dressiert, auf Anerkennung zu achten, daß wir Kritik und Abwertung nicht angstfrei ertragen können. Die Angst sitzt so tief, die Sehnsucht nach Anerkennung und Lob ist so groß, gerade auf den Gebieten, die uns wichtig sind. Und deshalb macht es manchen so ein diebisches Vergnügen, die anderen zu kritisieren, gerade an ihrer empfindlichen Stelle:

den Intelligenten in seiner Logik,
die Schöne in ihrer Frisur,
den Künstler in seinem Werk,
den Dichter in seiner Sprache,
den Handwerker in seinem Handwerk,
die Mutter in ihren Kindern,
den Manager in seiner Führungstechnik,
den Sozialisten in seiner Lebensführung,
den Christen in seiner Heuchelei,
den Moralisten in seiner Triebhaftigkeit,
die Feministin in ihrer gelebten Partnerschaft,
den Humoristen in seiner Depressionsneigung,
den Guru in seinen Jüngern,
den Pedantischen in seiner Unordnung,
den Ehrlichen in seiner Lügenhaftigkeit,
den Mutigen in seiner Angst,
den Pazifisten in seiner Aggressivität.

Wo einer glaubt, seine Stärke zu haben, gerade da hat er seine empfindlichste Stelle, auf Grund seiner Angst, daß seine Stärke nicht erkannt werden könnte. So kann niemals Selbstsicherheit entstehen, sosehr auch Individualität, Fähigkeit, Talent und Leistung sich ausprägen mögen. Selbstsicherheit beginnt erst dann, wenn jemand sich entwickelt, ausreift, Begabung entfaltet, sich von den anderen abhebt, ohne dabei sein Ego beachtet wissen zu wollen. Wo kein Geltungsstreben ist, kann auch keine Angst sein. Wenn der Dichter dichtet um der Dichtung willen, kann es keine Angst geben, wenn die Schöne schön ist um der Schönheit willen, um ihre Existenz zu verwirklichen, wie man atmet, um zu leben, einfach, weil es Freude macht, kann keine Angst eindringen, denn dann ist die Entfaltung nicht auf Wirkung bedacht.

Deshalb: Wer selbstbewußt werden will, um angstfrei zu *wirken*, um mehr zu gelten, um überlegen zu sein, der wird scheitern, der wird die Angst geradezu herausfordern und sich gehemmt und geängstigt fühlen. Selbstsicherheit ist ein Zustand des Seins, der erst angstfrei ist, wenn eine Bedingung erfüllt ist: Losgelöstheit von allem anderen außer dem Selbst. Dann ist Intelligenz schön um der Brillanz des Geistes willen.

Die Rose macht sich keine Gedanken über die Kommentare der Betrachter, sie entfaltet ihr Rosesein. Die Nachtigall singt ihr Lied, sie «weiß» nicht, daß sie eine Nachtigall ist. Ich sagte dem jungen Mann, der sich verkrampfte, wenn er witzig sein wollte: «Sei wie eine wilde Heckenrose am Waldrand, blühe dein Leben einfach für dich und frage nicht nach den Passanten. Die Rose kümmert sich nicht einmal um die anderen Rosen. Der Mond kümmert sich nicht um die Sonne. Warum kümmerst du dich um die Meinung, die moralische Einstellung, das ästhetische Empfinden des Herrn Meier? Warum kümmert dieser sich um das Denken von Herrn Sinner? Warum denkt dieser so oft an Pfarrer Menner?»

Selbstsicherheit ist Angstfreiheit, Freiheit von der Angst,

daß andere etwas anderes für richtiger halten, als man selbst zur Zeit für gut hält. Loslassen führt zur Gelöstheit. Erst in völliger Gelöstheit entsteht der Zustand der Angstfreiheit.

Alle Ängste hinter sich lassen

Zuerst muß ich mich selbst erfahren, um Selbsterkenntnis gewinnen zu können. Selbsterfahrungsgruppen werden von Psychologen und Psychotherapeuten veranstaltet, um über den Weg der Selbsterfahrung die Selbsterkenntnis anzuregen. Jeder erlebt aber auch täglich genug Möglichkeiten der Selbsterfahrung im Beruf und in der Partnerschaft. Ich möchte damit nicht sagen, daß Selbsterfahrungsgruppen überflüssig seien – aber es geht auch ohne.

Sich einer Angst zu stellen, sie zu sehen ist die beste Selbsterfahrung, weil wir dann beobachten können, wie die Angst unser Verhalten beeinflußt, wie sie Aggressionen weckt und uns dazu bringt, vor anderen «anzugeben», die Angst durch besonders mutiges Auftreten zu verscheuchen.

Die Erfahrung der unangenehmen Angst, ihr nicht auszuweichen, das bringt mich in meiner Selbsterkenntnis weiter – das ist das Wichtigste. Die meisten sind gute Menschenkenner, wenn es um andere geht, aber bei sich selbst versagen sie. Sie sehen nicht ihre eigene Angst als Grundmotiv für ihr Verhalten. Ich unterhielt mich mit einem erfolgreichen Schriftsteller, er sagte: «Ich kann in meinen Romanen die Menschen sehr genau beschreiben und ihre Ängste darstellen. Eines Tages fragte ich mich ganz bewußt: Was habe eigentlich ich für Ängste? Ich war überrascht, diese Frage hatte ich mir bisher nie gestellt. Ich bemerkte, daß mir die Fragestellung schon den Schweiß auf die Stirn trieb. Ich listete trotzdem alle Ängste auf, z. B. Angst vor der Erfolglosigkeit, Angst vor der Kritik an meinen Büchern, Angst vor aggressiven Menschen, Angst, sexuell zu versagen, Angst, meine Frau zu verlieren, Angst, im Gespräch nicht so brillant zu sein wie in meinen Büchern, Angst, mich in eine andere Frau zu verlieben, Angst vor einem wirklich vitalen Leben, Angst, nicht genug gebildet zu sein, Angst, nicht konsequent genug zu sein usw. Ich stellte fest, daß ich viele, viele Ängste hatte, daß ich von Ängsten durchdrungen, zerfressen und vergiftet war. Diese Selbsterkenntnis war sehr angsterregend. Ich bin zu einigen Psychotherapeuten gegangen, um meine Angstansammlung fachmännisch unter die Lupe nehmen zu lassen. Ich fühle mich heute zwar besser, aber noch nicht geheilt. Nun will ich von dir wissen, was ich noch tun kann.»

Der erste Schritt besteht darin, die eigenen Ängste überhaupt erst einmal zu bemerken. Viele verschließen schon vor diesem Anblick die Augen. «Erkenne dich selbst» ist also der elementare Anfang. Es ist natürlich nicht schmeichelhaft, diese Ängste und die merkwürdigen Reaktionen, Abwehrtechniken, Verleugnungen und Ungerechtigkeiten deutlich sehen zu müssen. Schau dich an, wie du wirklich bist, den anderen hast du viel vorgemacht, aber mach wenigstens dir selbst nichts vor. Wer sich selbst ständig belügt, kann nicht selbstbewußt auftreten, er kann zwar die Maske einer Scheinselbstsicherheit tragen, er kann die anderen vielleicht damit täuschen, aber immer mit der Angst im Nacken, daß vielleicht einer kommen wird, der ihm die Maske plötzlich herunterreißt. Sich selbst betrachten, die eigene Angst, sie ausfühlen, das ist der Anfang. Dann geht es darum, hinter die Gründe der Ängste zu schauen.

Ich antworte dem Schriftsteller: «Angst hat Ursachen. Beseitige die Ursachen, und die Angst verdunstet. Erfolglosigkeit ängstigt nur, wenn man Erfolge erhofft, löse dich also von der Erfolgserwartung. Laß kritische Menschen ihre kritische Meinung äußern, das ist ihr Problem, nicht deines. Kritik läßt sich nicht vermeiden, also nimm sie an, ohne gegen sie anzugehen. Fordere sie heraus und freue dich dann darüber – dann ist die Angst weg. Warum soll man nicht sexuell versagen? Gönne dir das Versagen, genieße das Versagen, und du gehst zu den Quellen deiner wahren Empfindungen. Vielleicht brauchst du das Versagen? Vielleicht findest du im Versagen etwas für dich Wichtiges, vielleicht eröffnet sich dahinter eine ganz neue Welt, die du bisher noch nicht sehen konntest. Verliere deine Frau, hab den Mut, sie loszulassen, verliere sie täglich neu, laß sie sich entfalten, damit du sie verlieren kannst, darin liegt viel Weisheit und Reife und auch ein Glück, das dir bisher verborgen blieb. Ein Gespräch ist kein Buch, es ist spontan, es geht ins Unreine, es wird nicht verbessert und sprachlich ausgefeilt, das ist gut so. Deine Bücher sind Kunstprodukte, es wäre nicht schön, wenn auch die Gespräche so künstlich wären. Ein Roman darf stilisiert sein, aber nicht dein lebendiger Ausdruck, er sollte fließen. Das ist eine Erfahrung, die sicher auch deine Bücher beeinflussen wird.

Interessant ist die Angst, du könntest dich in eine andere Frau verlieben. Vielleicht ist deine Tugendhaftigkeit und Treue gar nichts Positives, sondern nur Geiz, Pedanterie und Lebensangst? Es lohnt sich, darüber nachzudenken. Wie kannst du Angst vor einem vitalen Leben haben? Ein vitales Leben ist doch das wichtigste, um alle Ängste zu überwinden. Ein vitales Leben bedeutet die Entfaltung der gesamten Lebensenergie auf allen Gebieten, körperlich, seelisch und geistig. Du entfaltest dich vor allem geistig, Körper und Seele sind bisher zu kurz gekommen. Du hast die Energie blockiert und nicht fließen lassen, aus Angst, daß dir die Kontrolle entgleitet. Du willst dich am Zügel nehmen, schränkst dich ein, bist dein eigener Tyrann und Sklavenhalter, du hast Angst vor deiner eigenen Lebensenergie. Laß die Lebensenergie heraus, laß sie sich verströmen, und du siehst, daß alle Ängste verfliegen. Selbstsicherheit, aber jetzt die angstfreie, breitet sich in dir aus. Wenn die Angst verflogen ist, wird das Leben weit und schön, dann wird kein Eindruck abgewehrt und kein Ausdruck durch die innere Zensur an der Entfaltung gehindert; das ist der Zustand vollkommener seelisch-geistiger Gesundheit, in dem zwanglos Lebensfreude entsteht.»

Selbstfindung – Selbstentfaltung

Viele Menschen kommen zu mir und sprechen davon, daß sie sich in einer Phase der Selbstfindung befinden würden. Sie sind auf der Suche nach sich selbst und hoffen, daß ich ihnen behilflich sein kann, sich selbst zu entdecken. Ich antworte: «Ich muß dich enttäuschen, ich kann dir nicht helfen, dich zu finden, das ist unnötig, denn du bist ja schon bei dir. Du mußt nur den ganzen Schutt von Lüge und Abwehrhaltung wegräumen, dahinter wird dein Selbst sichtbar, es ist bereits da, es muß nicht erst gefunden werden. Du brauchst keine besondere Lehre, keinen psychotherapeutischen Kunstgriff, keinen Test – nur der Mut ist erforderlich, Ballast wegzuwerfen, dich zu entrümpeln.» Ich sehe dann meist in enttäuschte Gesichter: So einfach soll es sein? Dann folgt die Frage: «Was soll ich wegwerfen? Woher weiß ich, daß das eine Gerümpel ist und das andere wertvoll? Ist z. B. die Angst Gerümpel? Aber ich kann sie nicht einfach hinauswerfen. Ist mein Pflichtbewußtsein etwas Wertvolles?»

«Die Angst gehört nicht zu dem Müll, den man hinauswerfen kann, denn die Angst kommt erst richtig zum Vorschein, wenn man die Masken zur Seite legt. Das Pflichtbewußtsein ist auch eine solche Maske, die einmal übernommen wurde, um sich dahinter verstecken zu können. Die Angst aber ist echt, in der Angst bin ich bei mir, hier habe ich mich gefunden. Stelle dich also diesen Ängsten und deinen Aggressionen.»

Man braucht keine große Suchaktion zu starten, muß nicht viele Bücher lesen, braucht keinen Psychologiekurs bei der Volkshochschule und keine Gruppentherapie, um sich selbst nahezukommen. Es ist keine kostspielige Reise in den Osten zu einem der zahllosen Gurus und Heilslehrer erforderlich. Wer will, kann heute, jetzt sofort zu sich selbst gelangen, wenn er sich die Zeit nimmt, hinter die eigenen Masken zu schauen, auf die Dinge, die ihm unangenehm sind, vor denen er bisher immer geflohen ist. Wer erst viele Bücher lesen will, eine «Gruppe» aufsucht oder sich einen Guru auswählt, begibt sich nur erneut auf die Flucht, er trifft tausend Vorbereitungen für ein Später, weil er das Jetzt umgehen will.

Wir sind schon am Ziel, wir müssen nicht lange suchen, wir müssen nur bereit sein, endlich in Ruhe und ohne Panik hineinzuschauen in unsere Einstellungen und auf unsere Gefühle. Selbstentfaltung ist dann wirkliche Entfaltung aus dem Selbst, wenn sie aus der Tiefe der ureigensten Gefühle und Empfindungen erfolgt. Wer so handelt, wie es andere wünschen, um Lob und Anerkennung zu bekommen, befindet sich nicht in Selbstentfaltung, sondern er handelt fremdbestimmt.

Eine Frau erzählte mir von ihrer Ehe: «Ich liebe meinen Mann nicht mehr und empfinde im Sexuellen nichts, aber ich machte trotzdem mit ihm Sex, weil er es braucht und weil ich als seine Ehefrau ihm diesen Gefallen tun will. Ich kann es ihm einfach nicht abschlagen, ich hätte sonst Schuldgefühle.»

Das Geschlechtserleben dieser Frau ist keine Selbstentfaltung, sie handelt fremdbestimmt und fühlt sich deshalb natürlich freudlos und unwohl. Auch für den Ehemann ist die Sexualität keine Selbstentfaltung, da der sexuelle Kontakt ja nur einseitig abläuft. So könnte er auch onanieren, um seinen Triebdruck abzureagieren. Mit seiner Liebe kann es auch nicht weit her sein, wenn er seine Partnerin auf diese Weise nur benutzt, ohne den Energiefluß eines gegenseitigen Gebens auszulösen.

Selbstentfaltung ist also kein Egoismus auf Kosten der anderen, Entfaltung ist keine Rücksichtslosigkeit, sie ist vor allem ein Geben, weniger ein Nehmen, ein Verströmen und kein Verlangen. Entfaltung heißt, die Seele zu öffnen und ihre Blätter aufzuschlagen, damit sich der Duft der Lebendigkeit verströmen kann. Das ist mit dem Wort «geben» gemeint.

Selbstentfaltung heißt das geben, was man täglich empfängt und bisher im Leben empfangen hat. Im Vorgang dieser Selbstentfaltung entsteht Selbstsicherheit, Angstfreiheit, weil man der Gebende ist. Geben ist Lebensbejahung. Der Lebensverneinende verschließt sich, hält geizig zurück, ist ehrgeizig und skeptisch, er fürchtet, daß er vielleicht zuviel Energie abgeben könnte, oder er hat Angst, daß seine Geschenke nicht angenommen werden, nichts gelten könnten. Das ist kleinbürgerliches Denken, Gerümpel des Geistes, falsche Einstellung, unnatürlich, eine Erkrankung der Seele.

Zuerst geschieht die Selbstfindung, die totale Hingabe an sich selbst, das kompromißlose Selbstsein, erst dann ist Selbstentfaltung möglich, also das Innerste aus sich herausströmen zu lassen, ohne die Blockierungen einer Zensur. Selbstentfaltung ist ein Geschenk an die Mitmenschen und die Welt, eine Entfaltung der Gesundheit und Lebensfreude, denn diese Lebensfreude wird auch zur Freude der anderen, an der beobachteten Lebendigkeit, eine Freude, die uns auch das Blühen der Apfelblüte schenkt. Jeder Mensch kann die anderen beglücken allein durch die Entfaltung seiner Gegenwart, das ist der Sinn seiner Existenz, es gibt keinen anderen Sinn und keine andere Aufgabe des Lebens. Es geht nicht darum, Besitz anzuhäufen und einen höheren Status zu erreichen, und es geht auch nicht darum, sich so einzufügen, daß man möglichst unbemerkt durchs Leben geht.

Die gesunde Seele entfaltet sich ohne Einschränkung, ohne Angst, «Perlen vor die Säue» zu werfen. Die Rose verströmt ihren Duft auch für Säue, die Sonne sendet ihre wärmenden Strahlen auch für die Gleichgültigen, für Steine und Erblindete. Die Kirschbäume blühen im Frühjahr, es kommt ihnen nicht die Idee, daß es vielleicht ein Wildschwein nicht bemerken könnte.

4
Gelassenheit heißt, die anderen so lassen können, wie sie sind

«Das Kind sagte nur sanft: ‹Ahkay› – Nein –, und die anderen gingen ihres Weges. Sie versuchten nicht, ihn zu zwingen oder auch nur zu überreden, mit ihnen zu gehen. Er gehörte, wie jeder andere auch, sich selbst. Seine Entscheidung war Ausdruck davon, daß er sein eigener Herr war. Keiner maßte sich an, sein Recht auf eigene Entscheidung außer Kraft zu setzen, nur weil er klein und schwach genug war, um körperlich beherrscht zu werden, oder weil seine Fähigkeit, Entscheidungen zu treffen, durch geringere Erfahrung bestimmt war.»

JEAN LIEDLOFF

Gelassenheit ist nicht nur innere seelische Ausgeglichenheit, sondern vor allem Gelassenheit den Mitmenschen gegenüber. Der Kontakt zu Mitmenschen ist für viele ein großes Problemfeld, das Konflikte und Spannungen erzeugt – weil sie nicht in der Lage sind, sie so zu nehmen, wie sie sind. Es ist ein Zeichen von hoher seelischer Reife und Freiheit (auch von Sicherheit), die anderen in ihrer Andersartigkeit ohne Angst aushalten zu können, diejenigen nicht zu bevormunden, die weniger erfahren sind und Anleitung suchen, und diejenigen nicht zu attackieren, die reifer, wissender und weiser sind.

Die anderen so hinnehmen können, wie sie sind, zeigt Offenheit. Ich begegnete in meinem Beruf vielen Menschen aus allen sozialen Schichten. Ich traf noch nie einen, der diese innere Weite besaß. Einmal glaubte ich einen Mann gefunden zu haben, der sie zu besitzen schien, er sagte mir: «Ich gehe auf alle Menschen zu, sie interessieren mich alle, keiner ist mir zu gering und keiner zu hochstehend. Ich lerne von ihnen. Ich habe mehr durch sie gelernt als auf der Schule. Menschen erzählen mir ihre Erfahrungen, und ich kann davon lernen.» Einige Wochen später bemerkte ich, daß er die Menschen in sich aufsaugt, sie ausfragt, sie für seine Interessen einspannt. Er war der perfekte Zuhörer, und sie waren deshalb begeistert von ihm. Er war auch in der Lage, jedem das passende Kompliment zu geben. Aber sobald er erfahren hatte, was er wissen wollte, wandte er sich ziemlich abrupt ab und anderen zu, die seinen Wissensdurst wieder neu stillen konnten. Seine Kontaktfähigkeit war egozentrisch, er wollte Wissen ansammeln, Erfahrungen aufnehmen, um sich auf diese Weise zu erhöhen. Sein Motiv war also nicht Menschenliebe, er war auch nicht aus der Tiefe herausgelassen, denn er suchte Überlegenheit, wollte alles wissen, um über seine Mitmenschen hinauszuwachsen. Seine Kommunikation war einseitig, nicht auf Verstehen angelegt, sondern auf Ausbeutung. Nicht nur der ist ein Ausbeuter, der andere für niederen Lohn für sich arbeiten läßt, um sich selbst dadurch zu bereichern, sondern auch derjenige, der die anderen geistig-seelisch aussaugt, um sich mit Kenntnissen, Erfahrungen und Wissen vollzupumpen, um dadurch Überlegenheit und Macht zu erlangen. Er sah seinen Vorteil darin, sie so zu lassen, wie sie waren, um sie anschließend besser manipulieren zu können, um sein Ego zu stärken, Selbstsicherheit zu erlangen und eigene innere Angst abzubauen.

Als ich ihm diese Motive darlegte, weil er mich danach fragte, war er nicht in der Lage, sachlich darüber zu reden, er wurde sehr aggressiv und versuchte geschickt und zielbewußt, meinen «wunden Punkt» zu treffen, indem er mich als «schlechten Psychologen» bezeichnete, der nicht in der Lage sei, seine «Kontaktfreude» zu erkennen. Ich sagte ihm, daß es mir nicht wichtig wäre, ein «guter oder schlechter Psychologe» zu sein, ich hätte keinen Ehrgeiz in dieser Richtung. Da beschimpfte er mich, daß ich meinen Beruf nicht ernsthaft genug ausüben würde. Ich sagte ihm, daß ich das Gespräch beenden möchte, weil er nicht aufnahmebereit sei, mehr über mich und über meinen Beruf zu sehen. «Ein andermal geht es vielleicht besser», sagte ich, und das brachte ihn erst recht in Rage. Nichts war mehr übrig von seiner gelassenen Haltung, interessiert zuzuhören. Auch in dieser Situation muß man den anderen so lassen, wie er ist, es hat keinen Sinn, ihn zu belehren, wenn er um Überlegenheit ringt. Ich verabschiedete mich.

Gelassenheit heißt frei sein von egozentrischem Überlegenheits- und Geltungsstreben, frei von der Besserwisserei und Provokation der anderen, unabhängig von Bewertungen, seien sie auch noch so negativ oder positiv. Unabhängigkeit ist keine Schwäche, sondern Stärke. Der Schwache will immer beweisen, wie stark er ist, um sich ruhig und sicher zu fühlen, der Starke fühlt seine innere Stärke, er erlebt sie und braucht keine äußerlichen oberflächlichen Beweise. Das Verhalten der ungelassenen, spannungsgeladenen Menschen ist oft darauf angelegt, Angst zu vermindern; das drückt sich durch eine beruhigende und beschwichtigende Stimme aus. Wenn jemand beruhigend und einfühlsam auf mich einredet, dann werde ich immer hellwach und frage: Aufgepaßt, was will er von mir?

Es ist nicht leicht, gespielte von echter Gelassenheit zu unterscheiden. Ich mache dann den «Kannst du mich so nehmen wie ich bin?»-Test. Ich bin total anderer Meinung als er und beobachte, was dann geschieht. Wenn er darüber lachen kann und an Herzlichkeit und Sicherheit nichts verliert, ist er wirklich gelassen und ohne Angst, er meint es ernst, er strömt einfach über von Ruhe und Entspanntheit, seine Seele strömt die Energie aus, die sein Wesen durchdringt. Dann bin ich sehr glücklich, und es bedarf keiner weiteren Worte. Wenn er mich so lassen kann, wie ich bin, können wir zusammen reden, Gefühle schildern, Liebe und Aggression ausströmen lassen, es kann sich Ausdruck entfalten, herrliches Sein.

Gelassenheit in der Liebe ist die höchste Lebenskunst

Liebe ist in erster Linie ein seelischer Zustand der wachen Gegenwärtigkeit. Wenn die Sexualität als körperliches Ausdrucks- und Eindrucksfeld noch hinzukommt, so ist das sehr schön, wenn aber nicht – auch gut. Wir sind in unserem Denken durch den Einfluß der Medien viel zu sexbesessen. Sexualität, diese wundervolle Bereicherung, ist ein Fluch, wenn sie durch Gier ein Übergewicht in unserem Leben erhält.

Liebe entsteht in der Seele, nicht im Verstand und (trotz der Sexualhormone) nicht in den Geschlechtsorganen. Liebe entwickelt sich aus der seelischen Grundhaltung der Aufgeschlossenheit und Aufmerksamkeit (Beeindruckbarkeit). Liebe kennt keine Moral, keine Schranken von Rasse und Nationalität, keine Religionsunterschiede, keine Bildungsschranken, keine Klassenunterschiede, denn alle diese Grenzen sind vom Denken erfunden und deshalb künstlich.

Moral ist etwas vom Staat, von Religionen und der Philosophie Geschaffenes, Moral ist immer einengend. Kultur und Zivilisation haben die Liebe reglementiert: Es geht um die Herstellung einer Beziehung, die Besitzrechte regelt und Sicherheit aufbauen soll. Im natürlichen Lebensprozeß ist nichts moralisch geregelt. Abstand und Nähe wechseln sich ab, es besteht Freiheit zwischen zwei Fremden, es gibt keine Sicherheit, Spielregeln oder moralischen Gesetze, es herrscht Unsicherheit und damit Frische. Liebe kümmert sich nicht um künstliche Moral, sie erzeugt Glückseligkeit durch achtsame Aufmerksamkeit und daraus sich ergebender Annäherung zweier Fremder.

Die Liebe ereignet sich wie der unvorhersagbare Flug eines Schmetterlings. Er setzt sich hierhin und dann dorthin, sein Flug ist unberechenbar, leicht und frei. Die Biologen mögen mir diese poetische Analogie verzeihen, denn sie wissen sicherlich darzulegen, wie unfrei und instinktgebunden der Schmetterling seine Flugrichtung gestaltet. Es gefällt mir dennoch, Bilder zu gebrauchen, die treffende poetische Assoziationen für das Verständnis wecken, auch wenn sie nicht immer die naturwissenschaftliche Realität genau wiedergeben.

Die Liebe setzt sich auf einen Menschen nieder wie ein Schmetterling. Wenn man ihn festhalten will, ist er aufgeflogen und setzt sich auf eine Blume oder einen Stein. Liebe gedeiht nur an frischer Luft, sie läßt sich nicht durch Moral, Religion, Wirtschaftsinteressen, Rasse, Nationalität, Ausbildungsstand oder Sprache bändigen. Dem Zitronenfalter ist egal, welche Nationalität oder Philosophie der Spaziergänger hat, ob er ein Dichter ist oder ein Krimineller. Liebe ist unberechenbar wie der Schmetterling, sie setzt sich nieder oder auch nicht. Der Verstand hat keinen Einfluß darauf. Es geschieht, wir sollten es zulassen, oder wir verkrampfen uns im Widerstand gegen das Unberechenbare und werden dadurch körperlich und seelisch krank.

Wenn man sich der Liebe öffnet, sie eindringen läßt in die Psyche, kann sie sich in voller Pracht entfalten. Öffnen heißt bereit sein, sich zuwenden, Liebe fühlen und auch zeigen, davor haben die meisten Menschen große Angst. Es ist die Angst, durch die Zuneigung dem anderen ausgeliefert zu sein, völlig schutzlos und verletzbar zu sein. Diese Angst verrät ein gestörtes Verhältnis zu den Mitmenschen und zu sich selbst.

Was kann man für einen Fehler machen, wenn man zu erkennen gibt, daß man liebt? Was ist daran falsch? «Liebe kann mißbraucht, für egoistische Zwecke ausgebeutet werden. Wer liebt, gilt als schwach und manipulierbar», sagte mir eine Kindergärtnerin. Das trifft aber nur auf den Liebenden zu, der vom Besitzdenken korrumpiert ist. Wer auf Grund seiner Liebesgefühle einen Partner exklusiv für sich beanspruchen will und sich auf seinen Besitzanspruch einlassen will, ist tatsächlich in Gefahr, sich möglicherweise einem Lügner und Liebesbetrüger hinzugeben. Wer Sicherheit sucht, muß natürlich

Angst vor der Unsicherheit erleiden, und er versucht deshalb, Unsicherheit zu vermeiden. Er wird zum Trickspezialisten und Taktiker.

Wer sich verliebt, aber einen Lebenspartner sucht, sich selbst als möglichen Lebenspartner für andere sieht, muß von Liebe überwältigt werden, um seine Angst zu verlieren, sich möglicherweise falsch zu entscheiden, denn es steht für ihn die Zukunft von noch bis zu fünfzig Lebensjahren auf dem Spiel. Nur weil man aufmerksam, offen, staunend, achtend einen anderen mit wachen Sinnen in sich aufnimmt, sich von seinen Sinnesreizen begeistern läßt, sich ihm seelisch und körperlich nähert, das Glück der Überwindung von Fremdheit, Stunden der Schwerelosigkeit genießt, nur wegen einer so schönen Erfahrung, die einen die Zeit für Augenblicke oder Stunden vergessen läßt – wegen dieser Selbstvergessenheit in der Begegnung mit einem anderen soll man ein Leben lang zur Aufrechterhaltung von Liebe verpflichtet werden? Kein Wunder, daß sich in der Seele Angst ausbreitet. Auch der Schmetterling hätte Angst, wenn es Blumen gäbe, die ihn besonders faszinierten, ihn aber sein weiteres Leben in Umarmung festhalten würden, wenn er sich, von ihrem Duft berauscht, auf ihnen niederließe.

Liebe darf zu nichts verpflichten, sie muß sich frei ereignen können. Liebe darf auch nicht an eine Verpflichtung auf lebenslange Treue gebunden sein, dann wird sie schwerblütig. Dann ist es ja noch besser, ganz sachlich einen Ehepartner als Lebenspartner auszuwählen, der eine gesellschaftliche Funktion besitzt, ohne daß das alles etwas mit Liebe zu tun hat. Dann entfällt die moralische Verpflichtung, «lieben zu müssen», ohne sich schlecht dabei zu fühlen.

Wenn die Liebe vergeht, fliegt sie nicht bei beiden zur gleichen Zeit auf und davon. Einer zermartert sich das Gehirn, warum er nicht in der Lage war, den anderen zu binden. Sexualität ist zwar nur ein Detail der Liebe, aber sie zeigt doch sehr sensibel an, wenn die Liebe davongeflogen ist, und zwar dann, wenn die Sexualität an Seele verliert. Sie verselbständigt sich, wird zur Geilheit, es geht um «sex pour sex», um Onanie zu zweit. Reine Triebbefriedigung und Sexgier hat nichts mit Liebe zu tun, weil der Körper vereinzelt dasteht, ähnlich wie bei der platonischen Liebe, wenn die Seele vereinzelt dasteht. Im vorigen Jahrhundert wurde der Körper verdrängt, heute wird die Seele verdrängt.

Welch armseliges Bemühen, wenn über Sexualität versucht wird, die Liebe zu retten, denn Sex führt nicht zwangsläufig auf den Pfad der Liebe, wogegen Liebe leichter und unkomplizierter ihr Lied auf den Körper überspringen läßt. Ich will damit sagen: Erst Liebe krönt die Sexualität, hebt sie aus einer rein körperlichen Funktion heraus und erzeugt über die Orgasmusbefriedigung hinaus ein Gefühl der Glückseligkeit.

Durch Sexualität ist deshalb Liebe nie zu retten, im Gegenteil, sie verflüchtigt sich durch die Melancholie «danach» um so schneller. Wer dem Sex nachläuft, geht in die falsche Richtung.

Sex ist etwas praktisch Handhabbares, wir klammern uns deshalb an das einfacher Faßbare. Sex kann man mit technischen Hinweisen erlernen und anwenden. Es gibt keine Technik, Liebe zu erlernen, sie ist ein seelischer Vorgang, der sich jeder technischen Gebrauchsanleitung entzieht. Der einzig praktikable Tip wirkt auf viele merkwürdig naiv und nebulös: Öffne deine Sinne, erfasse mit Augen, Ohren, Geruchssinn, Tastsinn und Geschmackssinn, was geschieht, du selbst trittst in den Hintergrund und das Geschehen in den Vordergrund. Sich geöffnet, also angstfrei, hingebungsvoll, demütig, ja naiv in das, was sich ereignet, hineinfallen lassen, mit offenen Augen und Ohren staunend sehen, dann entfaltet sich Gegenwart ohne Einfluß von Vergangenheit und von einer gedachten Zukunft. *Augenblick, Aufmerksamkeit, Beachtung, Achtsamkeit und Achtung,* das ergibt ganz von selbst ohne jede Anstrengung Liebe. Sexualität ist dann eine Folge der Achtsamkeit, Achtung und Verehrung. Wer das sexuelle Bild (Stimulanz) im Kopf hat und damit gezielt auf die Umwelt zugeht, kann nicht mehr unvoreingenommen schauen und lieben, er ist begrenzt, genauso wie der Nationalist und Religionsfanatiker. Religiös zu sein ist positiv, aber ein Religionsdogmatiker zu sein macht das Positive negativ. Sex zu mögen ist gut, aber ein Sexbesessener zu sein zerstört die Liebesfähigkeit.

Liebe ist Schwerelosigkeit und Leichtigkeit

Im Zustand der Verliebtheit besteht höchste Achtsamkeit, weil die beiden Menschen Distanz zueinander haben. Wenn ich Distanz zu den Dingen habe, sehe ich deutlicher, was geschieht, Distanz fördert die Achtsamkeit. Nähe führt zur Gewöhnung und dadurch zur Unachtsamkeit und Abstumpfung. Wenn man einen Menschen liebt, nimmt man ihn mit allen Sinnen achtsam auf, man riecht seinen Geruch, sein Parfum, betrachtet seine Gesichtszüge und Mimik, lauscht seiner Stimme. Liebe entfaltet sich in dieser sensitiven Achtsamkeit, also in Sensitivität, Liebe und Sensitivität gehören zusammen, deshalb spreche ich auch von «Liesens».

Achtsamkeit ergibt sich von selbst, man muß sich nicht dazu zwingen, denn man ist über die Sinneseindrücke beeindruckt. Auf Grund der Achtsamkeit entsteht Achtung ganz von selbst. Man beachtet den Partner, und durch Beachtung wird Achtung möglich. Es geschieht in folgender Reihenfolge: *Achtsamkeit, Beachtung und Achtung.* Das entwickelt sich ganz leicht, wie von selbst, man muß sich nicht dazu zwingen, es ist keine moralische Haltung erforderlich und auch kein Pflichtgefühl. Achtsamkeit, Beachtung und Achtung geschehen damit leicht, Liebe ist keine anstrengende Leistung.

Diese Leichtigkeit und Duftigkeit ist wunderschön, gibt das Gefühl, «auf rosa Wolken zu schweben». Alles Suchen hat plötzlich ein Ende, man fühlt sich am Ziel, und Ruhe breitet sich in der Seele aus. Für einige Stunden oder Tage gibt es keine Unruhe mehr, jetzt ist alles in Ordnung, alle anderen Probleme erscheinen lösbar. Es ist, als wäre man angekommen, man fühlt sich selbstbewußt, sinnvoll, wertvoll und sicher.

Die Sexualität ist überhaupt kein Problem, sie ergibt sich spielerisch von selbst, sie entsteht aus dem Augenblick heraus und entfaltet sich mit höchster Gefühlsintensität. Körper, Geist und Seele sind eine Einheit, man fühlt sich ganz und deshalb gesund. Die Lebensenergie fließt frei und ungehemmt, man empfindet keine Anspannung oder Verkrampfung mehr. Die Umwelt spürt die Ausstrahlung eines verliebten Paares, und die meisten Menschen sind deshalb oft automatisch netter und freundlicher.

Die Entfaltung der Liebesfähigkeit steht am Anfang. Wenn man ängstlich darauf achtet, wie man wirkt, sich also laufend selbst beobachtet, kann man sich der Verliebtheit nicht zwanglos hingeben. Je verkrampfter man sich selbst kontrolliert, bewertet und mit den Augen der anderen beobachtet, um so schwerer fällt es, sich spontan den eigenen Gefühlen hinzugeben. Wer sich ständig mit anderen Augen beobachtet, mit den Augen der Eltern, den Augen eines Lehrmeisters oder den Augen eines nahestehenden Bekannten, ist in seiner Aufmerksamkeit eingeschränkt. Wenn die Eindrücke schon gefiltert und fremdbewertet sind, wie soll dann das eigene Verhalten darauf spontan und unverfälscht individuell sein? Wenn die Wahrnehmung schon verzerrt ist, wie kann dann das Verhalten rein und echt sein?

Mit dieser Andeutung der Hindernisse der Entfaltung von beglückender, erfrischender Liebe möchte ich deutlich machen, daß Liebe zwar anstrengungslos geschieht, aber sich deshalb keineswegs leicht und deshalb häufig in der Psyche ereignet. Deswegen löst sie, wenn sie geschieht, so viel Begeisterung und Glückseligkeit aus. Wenn sich Liebe ereignet, besteht ein psychisch natürlicher und gesunder Zustand, nämlich achtsam, beachtend und damit achtend zu sein. In diesem Zustand fühlt man sich wohl und glücklich, weil Körper, Seele und Geist im Einklang miteinander sind.

Warum ist dieser Zustand so schwer festzuhalten, warum verflüchtigt er sich wieder so schnell, warum ist die Liebe heute da und morgen nicht? Es ist nützlich, das Verschwinden der Liebe zu verstehen, weil man dann mit einer Partnerschaft besser zurechtkommt, sich nicht an die Liebe klammert, daraus keinen Besitz macht und vor allem eine Trennung besser mit dem Herzen, aber auch mit dem Verstand verstehen kann.

Die Problematik der Zuwendung und Trennung ist das wichtigste Thema unseres Lebens. Wir suchen nach Liebe und erfahren doch immer wieder die Abwesenheit von Liebe. Woran liegt das? Was liegt dieser Tatsache zugrunde? Kann man dem Leid und Leiden der Gefühlsschwankung entkommen?

Aus Distanz wird Nähe reizvoll

Man benötigt Abstand, um etwas aufmerksam betrachten zu können. Betrachten ist bei den meisten Menschen mehr ein Analysieren und Studieren als ein absichtsloses Schauen. Wenn ich einen Menschen betrachtend analysiere und meinem Wertsystem einordne, wird er in einer Schublade abgelegt, in diesem Augenblick wird er für mich uninteressant, es gibt meist nichts mehr zu entdecken, denn ich habe mich für eine Beurteilung entschieden. Aus anfänglich so reizvoller Distanz wird plötzlich Nähe, damit verschwinden die Aufmerksamkeit und die

Achtung, und in diesem Moment zerfällt die Liebe wie Glut in der Asche.

Nichtliebe entsteht keineswegs langsam, mit schleichender Entwicklung, sie ist spontan da, von einer Stunde auf die andere. Eben habe ich noch das Gefühl der Liebe im Herzen gefühlt, es hat mich ausgefüllt und gewärmt, und schlagartig, z. B. nach einem Spaziergang, nach einem Mittagsschlaf, nach einem Essen oder einem Fernsehfilm, ist es weg. Die Distanz ist verschwunden, und Nähe breitet sich aus, geistig-seelische oder körperliche Nähe. Für diese plötzliche Vertrautheit bin ich selbst verantwortlich, nicht der Partner.

Distanz bedeutet zwangsläufig auch Unsicherheit. Ich habe gelernt, Unsicherheit zu vermeiden und Sicherheit zu suchen, also versuche ich automatisch, den anderen aus der Distanz herüberzuziehen in meine Nähe, die mir Sicherheit gibt. Wenn ich den anderen bewerte, einordne, seine Eigenschaften analysiere und beurteile, versuche ich, den anfänglichen Zustand der Unsicherheit in den Zustand der Sicherheit überzuführen. Am Anfang begegnet mir der andere unabhängig, eingefügt in eine andere soziale Konstellation, die ich nicht kenne; er lebt sein Leben, er geht seinem Beruf nach, hat seinen Freundeskreis, pflegt seine Hobbies. Jetzt komme ich mit meiner Verliebtheit, mit meiner liebenden Aufmerksamkeit, mit meinem Sex, ich breche ein in dieses Leben und baue schnell Nähe auf.

Die Nähe wird deutlich, wenn ich auf Grund meiner Liebe Besitzansprüche stelle, wenn ich glaube, nun über das Leben des Partners bestimmen zu können, wenn ich ihn so an mich binde, daß er die eigene freie Gestaltungsmöglichkeit seines Lebens aufgeben soll, wenn er für mich dasein muß, weil ich auf Grund meiner Liebe Exklusivrechte beanspruche. Oft schon nach dem ersten sexuellen Kontakt und Orgasmus glaubt man, den Stempel einer Inbesitznahme aufgedrückt zu haben.

Wenn man dieses Problem einmal unvoreingenommen betrachtet, ohne ein Vorurteil zu verteidigen, dann ist jeder Besitzanspruch gegenüber einem anderen Menschen ganz deutlich das Ende der Distanz, das Ende von Freiheit, Achtsamkeit, Achtung und Interessantheit. Die Frische der Freiheit geht verloren, wenn ich etwas zu meinem Besitz mache. Alles, was ich besitze, lege ich ab, und ganz automatisch wende ich mich Neuem zu – das ist ganz natürlich. Mit der Inbesitznahme erwacht das Interesse an anderen, die Eifersucht kommt auf und damit die entwürdigende Bespitzelung des anderen.

Jeder kann an sich selbst beobachten: Während man liebt, hat man keine Augen und Ohren für andere Partner. Man ist in dieser Phase zwar besonders nett zu anderen, aber es besteht dennoch kein Grund zur Eifersucht, da der Liebespartner automatisch die volle Aufmerksamkeit beansprucht. Während der Liebe schweigt dieses Streben und Begehren, es breitet sich wohltuende Ruhe aus. Tritt Nichtliebe ein, spiele ich die Komödie Liebe, bin aber mit meinen Sinnen schon wieder bei den Reizen anderer in schuldbewußt verstohlener Aufmerksamkeit. Ich breche aus der Nähe wieder aus, es zieht mich aus der so zwanghaft gewünschten Sicherheit nun doch wieder hinaus in die reizvolle Unsicherheit.

Mitteilen heißt, mit anderen etwas teilen

Ich beobachtete vor einigen Tagen ein Gespräch. Er (etwa 45) sagte zu ihr: «Ich weiß nicht, ob ich ihn nochmals einladen soll, er geht immer die anwesenden Frauen ohne jegliches Einfühlungsvermögen an und bemerkt überhaupt nicht, wie peinlich das wirkt.» Sie (etwa 35) antwortete ihm: «Ich kaufte mir heute einen hellrosa Nagellack mit Perlmutteffekt, hast du schon gesehen?»

Er: «Hab ich gesehen. Du solltest dann das schwarze Kleid anziehen, das ist schön dezent, dann läßt er dich auch mit seinen Aufdringlichkeiten in Ruhe.»

Sie: «Sag mal, findest du nicht, daß Christine ganz schön dick geworden ist? Ich habe in letzter Zeit auch wieder ein Pfund zugenommen. Was hältst du von Akupunktur, um den Appetit zu hemmen?»

Er: «Mein Chef hat auch zugenommen, vor allem am Bauch. Wenn der nicht aufpaßt, ist seine Figur in einigen Jahren erledigt. Er fühlt sich aber immer noch attraktiv, streckt seinen Bauch ungeniert heraus und kommt sich unwiderstehlich dabei vor.»

Sie: «Na ja, der! Ich habe ihn bei dem ‹kleinen Italiener› kennengelernt. Er sieht unattraktiv aus, besitzt aber irgendwie eine erotische Ausstrahlung. Er kann charmante Komplimente machen, obwohl er ordinär wird, wenn er getrunken hat.»

Und in dieser Art setzte sich das Gespräch fort, von einer Assoziation zur nächsten. Keiner geht auf den anderen richtig ein, jeder liefert einen Gesprächsbeitrag, ohne den anderen wirklich interessieren zu können oder einzubeziehen, jeder redet am anderen vorbei, greift das angesprochene Thema überhaupt nicht oder nur flüchtig auf, es wird zwar geredet, aber die Mitteilung entwickelt sich nicht zu einem Thema, das miteinander wirklich geteilt wird. Viele Gespräche spielen sich auf dieser oberflächlichen, nur assoziativen Ebene ab. Jeder liefert dem anderen nur ein Stichwort, z. B. vom Nagel«lack» zur «Lack»tapete, zur Renovierung, zum Mietvertrag, zur Wohngemeinschaft, «übrigens, Inge wohnt jetzt in einer Wohngemeinschaft» usw. Das Gespräch plätschert dahin, Probleme werden vermieden, ein Springen von Idee zu Idee, viel wird gestreift, man bleibt unverbindlich-unberührt, die Zeit vergeht, und nichts ist geschehen; die Sinne haben nur wenig wahrgenommen, es ist wie das Grübeln, ein Denken im Kreis herum, zu zweit, zu dritt oder viert, je nachdem.

So kann keine Meditation entstehen, die Kommunikation ist ohne Kommunion. Wir sollten unsere Zeit nicht so sinnlos verschwenden.

Der Kontakt zu einem anderen Menschen ist nur dann wirklich befriedigend, wenn jeder die Möglichkeit erhält, etwas mitzuteilen, es mit dem anderen zu teilen, indem er auch wirklich Anteil nimmt. Eine Äußerung (Ausdruck) ist ein Geben (ein Geschenk), etwas, das ich teilen will. Wenn der andere mit diesem Geschenk nichts anzufangen weiß, wenn er es nicht betrachten kann, sondern nur als Reiz für eine Assoziation benutzt, um mir wiederum einen Reiz vor die Füße zu werfen, kann kein wirklicher Kontakt entstehen und natürlich auch keine Liebe, dann ist das Gespräch krank, und ich kann mich dabei nicht glücklich und erfüllt fühlen.

Wenn sich zwei Menschen im Gespräch dagegen wirklich mitteilen, fühlen sie sich in Verbindung zueinander, sie nähern und nähren sich gegenseitig; sie geben sich einen Teil von sich, jeder dem anderen, und sie fühlen sich dabei sehr wohl und geborgen, denn es wird eine Brücke geschlagen, jeder empfindet den Beitrag des anderen als eine Steigerung seiner Lebensfreude.

Ich belauschte ein solches Gespräch vor einigen Tagen in einer Künstlerkneipe.

Sie: «Ich mache vor allem Aquarelle, weil ich den Fluß der Farben als abenteuerliches Erlebnis verfolge. Ich habe keine Angst vor diesen Zufällen.»

Er: «Ich kenne diese Angst, sie ist nur da, wenn man etwas Bestimmtes erzielen, wenn man ein Ereignis verwirklichen will, z. B. eine Ähnlichkeit mit der Natur, wenn man z. B. eine rote Mohnblume malt.»

«Ich male auch Blumen, aber ich halte mich nicht an die Natur, ich fühle mich von ihr befreit, denn ich will nichts konkret abbilden, sondern lasse sich das entwickeln, was sich im Augenblick entwickelt, es ist ein Traum, bei dem ich Zeuge bin. Ich gestalte das mit meiner Handschrift, und viele Gedanken schießen mir dabei durch den Kopf, keinen kontrolliere ich, ich lasse alles zu.»

«Indem du alles zuläßt, bist du offen, diese Offenheit macht glücklich und gibt dir ein Gefühl von Weite. Du überläßt dich dem Augenblick und wertest nicht. Wertest du hinterher?»

«Hinterher ja, aber dann ist der schöpferische Vorgang vorbei. Hinterher finde ich es gut oder auch schlecht. Dann bin ich in anderer Stimmung. Oft stehe ich fassungslos davor und frage mich: Das hast du gemalt? Was war bloß los? Ich stehe mitunter wie eine Fremde davor. Aber was ich heute nicht gut finde, ist mir vielleicht morgen wichtig? Weißt du, was ich damit fragen will? Ich möchte meine Malerei gar nicht werten, nur echt sein im Moment, indem sie geschieht; das Machen ist wichtiger als das Ergebnis. Es ist wie mit der Liebe, sie ist in dem Moment, in dem sie geschieht, wunderbar, und hinterher habe ich keinen richtigen Bezug mehr dazu. Das war ja gestern, und heute ist ganz neu, ich muß einen neuen Anlauf nehmen und mich neu verlieben – auch in denselben Menschen.»

«Du hast etwas sehr Bedeutungsvolles und Schwieriges gesagt. Ich möchte es nicht zerreden. Du gehst ganz vom Augenblick aus und willst dich nicht in einen Stil, ein Schema oder eine Konvention pressen lassen.»

«Ich bin aber kein Fähnchen im Wind, ich bin nicht flatterhaft und besitze durchaus Verantwortungsgefühl, bitte, versuche das zu verstehen. Vor allem Männer wollen mich nicht verstehen, sie haben Angst vor dieser Spontaneität, sie suchen Sicherheit, Pläne, Systeme, Ziele und immer wieder Sicherheit. So kann ich nicht malen, nicht lieben – und also auch nicht leben.»

Nicht streben, nicht werten

Die Bewertung der anderen ist uns etwas ganz Selbstverständliches, weil wir schon im Kindergarten und in der Schule konditioniert werden, uns selbst und andere zu bewerten: «Das hast du aber gut gemacht, das kann die Sieglinde besser, jenes ist nicht deine Stärke, und hier hat der Manfred Mist gebaut.» Bewertung ist in einer Gesellschaft, die auf Konkurrenzdenken basiert, so selbstverständlich, daß man über ihren Sinn gar nicht mehr nachdenkt.

Bewertung und Etikettierung der Mitmenschen sind ein seelisches Gift. Sobald ich mich selbst mit anderen vergleiche, trete ich in Konkurrenz, und es entsteht Neid, wenn der andere besser ist, oder Überheblichkeit, wenn der andere schlechter ist oder weniger hat als ich. Wie soll ich den anderen lieben können, wenn ich ständig neidisch oder überheblich bin? Liebe kann nur dann entstehen, wenn diese beiden Gefühle, die aus dem Bewerteten entspringen, nicht auftreten. Die Bewertung mag sinnvoll sein, wenn es darum geht, eine gemeinsame Leistung zu erbringen, dann zeichnet der beste Zeichner den Plan, der Kreativste kann seine Ideen vortragen, und der beste Techniker kümmert sich um technische Detailfragen. In der Berufsleistung ist Bewertung sinnvoll.

Im Sport wird der Schnellste, Stärkste und Geschickteste ermittelt; solange das spielerisch geschieht, besteht keine Vergiftungsgefahr für die Seele, mit dem Ernst und Fanatismus aber, mit dem heute Leistungssport betrieben wird, und dem Fanatismus, mit dem die Zuschauer Sportleistungen bewerten, wird das Gift sichtbar. Wenn ich die anderen nur betrachte, um sie zu bewerten, dann ist mein Verhältnis zum Mitmenschen gestört.

Ich beobachtete zwei junge Mädchen in einem Café. Sie

taxierten zwanghaft die anwesenden und neu hereinkommenden Mädchen und Frauen: «Schau mal, was die für einen Rock anhat, der paßt überhaupt nicht zu ihren dicken Beinen. – Die sieht gut aus, schönes Gesicht, aber schau dir den Gang an, die kippt ja gleich aus den Schuhen. – Sieh dir die Dicke an, wenn ich diese Pfunde hätte, würde ich nicht diesen Pulli anziehen. Die da drüben, die ist wohl in den Schminktopf gefallen. Die soll früher übrigens eine Nutte gewesen sein.»

Nach Gelassenheit kann man nicht ehrgeizig streben. Je mehr man danach strebt, desto verkrampfter wird man, und desto mehr entzieht sich die Gelassenheit. Aller Ehrgeiz und alles Streben muß aufhören, damit Gelassenheit sich zwanglos von selbst einstellen kann.

Auch nach Liebe kann ich nicht ehrgeizig streben. Erst wenn das Jagen nach Liebe aufhört, wenn ich absichtslos bin, kann sich die Liebe ereignen. Der Maler Picasso hat die wunderschöne Bemerkung gemacht: «Ich suche nicht, sondern ich finde.» Wer bewertet, wählt aus, er sortiert und kann deshalb vor lauter Suchen nichts mehr finden. Liebe und Gelassenheit sollte man nicht ehrgeizig suchen, sondern ohne Erwartungen finden. Ein großer Künstler wie Picasso hat während seiner Arbeit bemerkt, daß seine Bilder dann besonders interessant und künstlerisch aufregend sind, wenn er zwanglos, gelassen, spielerisch auf das Finden achtet, ohne ängstlich voll Erwartung zu suchen.

Je weniger man wertet, desto besser kann man finden. Wenn ich den Mitmenschen, der mir begegnet, nicht werte, kann ich ihn vorurteilsfrei entdecken. Die Liebe geschieht so selten, weil die meisten Menschen einen Wertmaßstab, ein Bild im Kopf tragen, mit dem sie alle Menschen, die sie kennenlernen, vergleichen. Ein Bekannter sagte zu mir: «Mein Typ, in den ich mich verlieben kann, muß blond sein, große Brüste haben und muß viel lachen. Ich brauche eine Partnerin, die mich aufheitert und die Spaß versteht. Patent soll sie sein, sehr sexy, und sie muß praktisch veranlagt sein. Ich hasse Frauen, die nicht zupacken können, die zimperlich sind.» Und so konnte er begeistert weiter erzählen, die Merkmalliste wurde länger und länger. Ich fragte ihn dann schließlich: «Hast du denn diese Frau schon einmal gefunden?» Er sagte ganz betrübt: «Nein.» «Warst du denn trotzdem schon einmal richtig verliebt?» Er konnte sich nicht erinnern. Ich sagte zu ihm: «Du bist 38 Jahre alt und kannst dich nicht erinnern, verliebt gewesen zu sein. Du machst die Liebe von deinen Erwartungen und Plänen abhängig. Du suchst ein Bild, das mit den Jahren immer ausgefeilter wurde, und kannst im Leben dieses Bild nicht finden, je festumrissener deine Vorstellungen sind. Du weißt zwar, was du willst, was du suchst, aber du schränkst deine Möglichkeiten, Frauen unvoreingenommen zu entdecken, immer mehr ein. Wirf dieses Bild aus deinem Gehirn, und stürze dich vorurteilsfrei, ohne jemals wieder zu bewerten, ins Leben, und du wirst feststellen, daß du dich endlich mal verliebst. Je weniger du die anderen bewertest und dich selbst dabei auf- oder abwertest, desto häufiger bist du verliebt.»

Ich kannte einen gutaussehenden, vermögenden Mann. Er hatte jede Woche eine andere Freundin, in die er verliebt war. Seine Freundinnen waren oft nicht hübsch, waren teilweise sogar häßlich, manche waren jung, andere viel älter als er. Es wurde getuschelt: «Ich verstehe nicht, wie der immer wieder so komische Frauen und Mädchen hat? Das hat er doch gar nicht nötig.» Er war nicht auf einen Typ festgelegt, er legte keinen Wertmaßstab an, er war kontaktaktiv und verliebte sich ohne Vorurteil in die Frau, die er gerade kennenlernte, an der einen bewunderte er die Figur, an der anderen ihren Witz und an der dritten die Art, wie sie sich bewegte. Es ist eine herrliche Freiheit, auf die Mitmenschen völlig offen zugehen zu können. Wer so offen ist, verliebt sich schnell – davor haben viele natürlich auch wieder Angst.

5
Freiheit ist Loslösung von Besitz

«Alle Kinder, solange sie noch im Geheimnis stehen, sind ohne Unterlaß in der Seele mit dem einzig Wichtigen beschäftigt, mit sich selbst und mit dem rätselhaften Zusammenhang ihrer eigenen Person mit der Welt ringsumher. Sucher und Weise kehren mit den Jahren der Reife zu diesen Beschäftigungen zurück, die meisten Menschen aber vergessen und verlassen diese innere Welt des wahrhaft Wichtigen schon früh für immer und irren lebenslang in den bunten Irrsalen von Sorgen, Wünschen und Zielen umher, deren keines in ihrem Innersten wohnt, deren keines sie wieder zu ihrem Innersten und nach Hause führt.»

Hermann Hesse

Jetzt komme ich zum wohl schwierigsten Kapitel dieses Buches, schwierig nicht, weil große intellektuelle Anforderungen gestellt werden, sondern schwierig, weil starke seelische Widerstände sich gegen die Gedanken, Einsichten und Erkenntnisse zur Wehr setzen. Ich habe diesem Kapitel ein Zitat von Hermann Hesse vorangestellt, weil es auf leichte, lockere und beschwingende Weise einen Vorgeschmack davon gibt, was es heißt, frei und losgelöst von allen Arten von Besitz zu sein.

Kinder sind in ihrer Seele damit beschäftigt, sich dem «einzig Wichtigen» zu widmen, nämlich sich selbst und «dem rätselhaften Zusammenhang ihrer eigenen Person mit der Welt ringsumher». Deshalb sind sie auch so fasziniert von Märchen und Geschichten, die das Individuum in einer rätselhaften Märchenwelt schildern. Kinder streben noch nicht nach materiellem Besitz, sie interessieren sich zwar für alles Neue, aber sie wollen es nicht horten, sie werfen es in die Ecke, wenn es sie nicht mehr interessiert, es hat dann keine Bedeutung mehr für ihre Seele, es ist kein Spekulationsobjekt, das einmal Gewinn bringen soll. Deshalb sind Kinder so frei und für Erwachsene oft so unverständlich achtlos gegenüber materiellen Werten, sie können die Gegenstände der Erwachsenen einfach noch nicht wertschätzen, wie Tiere, z. B. Katzen und Hunde, die einfach bloß lebendig sein wollen und auf Polstermöbel oder Tapeten keine Rücksicht nehmen. Sie gehorchen nur, weil sie bestraft werden, aber sie sehen den Sinn nicht ein. Das Streben nach Besitz wird ihnen deshalb auch in Zukunft abgehen, selbst wenn sie sich scheinbar brav neben der Polstergarnitur niederlassen.

«Sucher und Weise kehren mit den Jahren der Reife zu diesen Beschäftigungen zurück», sagt Hermann Hesse. Er meint, die Beschäftigung mit der Seele und ihrer Beziehung zur Welt ringsumher sei das Wichtigste. Materieller Besitz und seine Pflege tritt dann in den Hintergrund. Dieses Beschäftigen mit der Seele, mit sich selbst, ist kein Egoismus, keine Egozentrik, es ist etwas ganz Natürliches. Hesse sagt: «Die meisten Menschen aber vergessen und verlassen diese innere Welt des wahrhaftig Wichtigen schon früh für immer und irren lebenslang in den bunten Irrsalen von Sorgen, Wünschen und Zielen umher.» Er verurteilt damit, was die meisten Erwachsenen für wichtig halten, nämlich die Sorge um Besitz, um das Haben, um das Erreichen von Zielen und Wünschen. Hesse gehört zu den großen Weisen der europäischen Geistesgeschichte, er formuliert hier eine Erkenntnis, die auch der Psychotherapeut Erich Fromm in seinem Buch «Haben oder Sein» ausführlich dargestellt hat. Die Habenmentalität führt in eine Sackgasse, was zählt und glücklich macht, ist dagegen die in unserer Industriegesellschaft so seltene Seinsmentalität. So irren die Menschen den bunten Zielen hinterher, «deren keines in ihrem Innersten wohnt, deren keines sie wieder zu ihrem Innersten und nach Hause führt».

Das neue Auto führt mich nicht zu meinem Innersten, so schön auch das kurze Glück der ersten gefahrenen hundert Kilometer sein mag; das neue Haus führt mich nicht zum Kern meiner Seele, sosehr ich mich auch über den Anblick freuen mag. Es ist letztlich gleichgültig, ob ich zur Miete wohne oder in einer Eigentumswohnung, ich bin letztendlich doch nur Gast auf dieser Welt. Besitz ist ein kurzer Seelentröster, er verschafft das trügerische Gefühl, als würde einem jetzt etwas für immer gehören, als wäre man mächtig, als hätte man eine Sicherheit erreicht. Aber es gibt keine Sicherheit, nichts kann festgehalten werden, alles ist dem Fluß des lebendigen Lebens unterworfen, alles altert, der Putz blättert ab, das Eisen rostet, im Garten wuchert das «Unkraut», die Farbe der Fensterläden verwittert, nichts bleibt, wie es ist, wer sich ans Haben bindet, lebt in ständiger Angst und Unfreiheit.

Freiheit aber ist Loslösung von Besitz. Und trotzdem entscheiden sich viele für die Unfreiheit und den Besitz und die Angst; so stark ist die Hoffnung auf ewiges Leben, nach Sicherheit, nach Überlistung des Todes. Freiheit ist Leben in Unsicherheit, ist Anerkennen des Geheimnisses des Lebens, ist Eintauchen in das Geheimnis, ist stetiges Fließen, beschäftigt mit dem rätselhaften Zusammenhang der eigenen Person mit der Welt ringsumher.

«Sucher und Weise kehren mit den Jahren der Reife zu diesen Beschäftigungen zurück.» Laßt uns deshalb innehalten im Sorgen, Wünschen und Streben, laßt uns den Besitz loslassen und wieder zum Wichtigsten zurückkehren. Jetzt diesem Buch weiter zu folgen, wird für viele sicher sehr schwierig sein. Die weitere Lektüre ist keine Erbauungsliteratur, kein Kokettieren mit «Selbstverwirklichung». Bei allem Humor, der durch jedes Streben des Menschen schimmert, jetzt sollten wir ernst werden. Wenn der Mensch liebt, wird er sehr ernst. Laßt uns uns selbst und das Leben lieben, es also ernst nehmen und mit achtsamer Aufmerksamkeit betrachten.

Ich kann fast alles zum Besitz machen

Jeder ist sich selbst der Nächste», höre ich oft. Die eigene Haut ist die nächstliegende Haut, von meinem Geist und Nervensystem geht die Wahrnehmung der Welt aus, so ist zunächst psychologisch verständlich, daß ich mich als Mittelpunkt der Welt sehe, als das Zentrum des Erlebens und Handelns. Natürlich weiß dabei jeder, daß er in Wirklichkeit nicht der Mittelpunkt der Welt ist, sondern noch vier Milliarden ähnliche Zentren menschlichen Lebens existieren. Wenn sich also jemand wirklich als Zentrum der Welt fühlt, könnte man das durchaus als eine Geisteskrankheit bezeichnen.

Der gesunde und bewußte Mensch spürt die Nähe zu sich selbst, aber er empfindet auch gleichzeitig seine Verbundenheit mit den Menschen um ihn herum. Er sieht in jedem anderen auch ein Stück von sich selbst, er fühlt sich außerdem mit der Luft verbunden, die er einatmet, mit der Sonne, die ihn wärmt, und der Erde, in der seine Nahrung heranwächst, die er verzehrt; das alles ist miteinander in lebendigem Kontakt. Alles steht miteinander in Verbindung, jedes Teil ist auf das andere Teil angewiesen, sogar das Sonnensystem ist ein System, in dem die Sonne, die Erde und der Mond in einer gesetzmäßigen Verbindung zueinander stehen. Der Mond ist auf die Erde angewiesen wie die Erde auf die Sonne.

Ich möchte mit diesen etwas weitläufigen Gedanken zum Ausdruck bringen, daß sich jeder zwar sich selbst als Nächstes fühlt und im Notfall zunächst einmal instinktiv seine eigene Haut rettet, aber dabei die Verbindung zu seinen Mitmenschen und zur Umwelt nie unterbricht. Ein kranker Egoist sagte zu mir einmal: «Ich gebe zu, daß ich ein Egoist bin und nur mich selbst sehe. Ich strebe nach meinem persönlichen Erfolg auf Kosten der anderen. Ich fühle mich als ein Fremder in der Welt, ich sehe die Welt und die Natur feindlich. Entweder du frißt die anderen, oder sie fressen dich. Auf dieser Welt gilt ganz klar – wie biologisch erwiesen – das Gesetz des Stärkeren; deshalb bekenne ich mich ganz freimütig zum Egoismus. Ich will überleben und muß dafür kämpfen, weil jeder andere nämlich auch mich als Gegner und Konkurrenten im Lebenskampf betrachtet.»

Diese egoistische Einstellung wird zwar nicht immer so deutlich und unerschrocken zugegeben, aber viele Menschen denken ähnlich und können sich mit einer solchen Lebensauffassung identifizieren. Was ist daran falsch? Der Egoist will seinen Besitz vergrößern, sein Ego dadurch aufwerten, er strebt nicht nach Erfolg, um dadurch für andere mehr tun zu können, um dadurch teilen und abgeben zu können oder durch seine Tätigkeit anderen zu nützen, sondern sein Erfolgsstreben ist «egozentriert», nur auf die Bereicherung seines Egos bezogen, deshalb fühlt er sich als ein Fremder in der Welt. Die Mitmenschen sind für ihn Fremde – vom Fremden zum Feind ist es nicht weit. Alles Fremde wird zunächst feindselig betrachtet, denn es könnte sich ja als feindlich entpuppen, das ist durchaus natürlich und auch bei Schimpansen oder Naturvölkern zu beobachten.

«Entweder du frißt die anderen, oder sie fressen dich», das ist tatsächlich aus jedem Biologieunterricht über «das Leben unter Wasser, auf dem Feld und im Gebirge» zu verstehen. Jede Art ernährt sich von anderen Arten. Aber es ist in der Regel nicht üblich, daß sich die Arten untereinander verfolgen, versklaven, töten oder gar auffressen. Hierin liegt der Trugschluß. In der Natur besteht unter Tieren gleicher Art oft sogar ein großer Zusammenhalt, sie schützen sich gegenseitig. Auch der Streit um Jagdgebiete (das Territorium) ist ein gegenseitiger Schutz, weil damit erreicht werden soll, daß jedes Lebewesen ein optimales Nahrungsterritorium erhält, um sich erhalten und entfalten zu können. Bei diesen Revierkämpfen wird der Gegner deshalb nicht getötet, denn das würde gegen das elementare Naturgesetz der Arterhaltung verstoßen. Aber gegen dieses Gesetz verstößt der Mensch, wenn er seinen Gegner in den Ruin oder Selbstmord treibt oder in einen Krieg, um ihn «legal» töten zu können.

«Ich will überleben und muß dafür kämpfen, weil jeder andere nämlich auch mich als Gegner und Konkurrenten im Lebenskampf betrachtet.» Für den Egoisten ist das Leben kein natürlicher Kampf gegen die Naturereignisse, gegen die natürlichen Feinde wie Kälte, Raubtiere, Feuer, Trockenheit usw., sondern vor allem ein Kampf gegen seine Mitmenschen, die er als «Gegner und Konkurrenten» betrachtet. Er hat den Sinn für die Artgemeinschaft verloren, sieht nicht mehr die Geborgenheit innerhalb der Art, die Schutz und Entspannung bietet, sondern überbetont verzerrend den arterhaltenden Kampf der Lebewesen ums Territorium. So wird in seinem Wahndenken der Mitmensch zu einem Konkurrenten, der ihm sein Territorium streitig machen könnte. Dabei geht es nicht nur um ein Stück Ackerland mit Fischteich, Bach und Wald, das ihn ernähren muß wie einst im Wilden Westen. Der Egoist generalisiert, ihm wird alles zum Territorium, das er verteidigen muß: seine Meinung, sein Partner, der Platz in der Warteschlange, die Religion, seine Moral, seine Nationalität, die Intelligenz und seine Gefühle. Schließlich wird alles bewertet und als ein persönlicher Besitz gesehen, den es gegen die anderen zu verteidigen gilt. So wird fast alles fremd und feindlich, die Lebensenergie verschließt sich hinter der Haut, und hinter «verschlossenen Türen» hecke ich Pläne aus, wie ich im Kampf gegen die feindlichen Artgenossen und die feindliche Umwelt bestehen kann. Mit dem Gefühl der Fremdheit fängt es an, und mit verbittertem Argwohn gegenüber allem und jedem geht es im Greisenalter dann schließlich zu Ende, so daß tatsächlich alles aufatmet, wenn dieser «Lebensfeind» endlich tot ist.

Wer alles zum Besitz macht, um seinen Besitz gegen die anderen zu verteidigen, wird zwangsläufig verbittert, argwöhnisch und starr. Wer dagegen nichts zum Besitz macht, hat auch nichts, das er verteidigen müßte, er kann offen, wach, neugierig und freundlich in die Welt schauen, er kann von Tag zu Tag jünger und gesünder werden, sein Leben kann sich entfalten, seine Seele wird aufblühen und den Duft der Liebe verströmen.

Begabungen und Wissen als geistige Besitztümer

Nur eine sehr geringe Zahl von Menschen verteidigt Besitztümer an Grund und Boden, also Territorien im biologischen Sinne; die meisten Menschen besitzen nicht mehr als eine Mietwohnung, ein Auto, ihre Arbeitskraft, also vor allem sich selbst. Das Territorium, das sie verteidigen, sind sie selbst, ihr Wissen, ihr Können, ihre Moral, ihre Religion, Nationalität usw., also geistige (vom Geist geschaffene) Besitztümer, sie kämpfen nicht um reale Güter, Burgen und Schlösser, sondern um Geistesgüter, um «Luftschlösser».

Bei einer Diskussion um Religionen sagte ein Katholik zu einem Atheisten: «Ich lasse mir von Ihnen nicht meinen Glauben nehmen.» Weil der andere Zweifel an der Religion äußerte, am System rüttelte, dachte er, dieser wolle ihm einen Besitz «wegnehmen», seinen Glauben, sein geistiges Territorium, das ihm Sicherheit und Geborgenheit gab.

Ich kenne einen Künstler, der keinerlei Kritik an seinen Werken duldet, der mit panischer Aggression gegen jeden Zweifel an seinen «Geistesprodukten» vorgeht; auch er verteidigt seinen Glauben (sein Geistesgut). Ohne diesen Glauben hätte er kein Territorium mehr, wäre er besitzlos, hätte er nichts mehr, an das er sich klammern könnte. Viele Menschen klammern sich an ihre Begabung, ihre Intelligenz, ihre Nationalität, Religion und ihr Wissen, als gälte es, ein Königreich zu verteidigen. Die Religion kann zum Königreich werden, Christus sagte ja: «Mein Reich ist nicht von dieser Welt», und am Kreuz zum Schächer: «Heute noch wirst du mit mir im Paradiese sein.» So klammern sich die Besitzlosen an ein zukünftiges Territorium, das viel schöner sein soll als die irdische Welt. Das spricht nicht gegen Jesus Christus, der einer der ganz großen Weisen war, sondern gegen die Art der Interpretation seiner Worte durch die «Gläubigen».

Der Künstler sollte sein Werk nicht wie ein Territorium verteidigen, der Christ sollte nicht das Paradies in Besitz nehmen wollen, er sollte seine Religion nicht gegen andere Religionen abgrenzen und einen Glaubenskrieg gegen andere anzetteln, er sollte sein Wissen nicht als einen Wissensbesitz betrachten, den es zu verteidigen gilt.

In der Schule wollte ich von meinem Banknachbarn bei einer Klassenarbeit abschreiben; als er das bemerkte, hielt er seine Hand demonstrativ so, daß ich nicht mehr in sein Heft sehen konnte. Damit signalisierte er mir, daß er mich als Konkurrenten betrachtete. Ich war verblüfft, da ich gedacht hatte, daß wir als Schüler alle im gleichen Boot säßen und uns gegenseitig helfen sollten. Besonders unangenehm war zusätzlich, daß der Lehrer auf die Haltung meines Nachbarn aufmerksam wurde und daraus schloß, daß ich abzuschreiben versuchte. Damit klagte mich mein Nachbar des «geistigen Diebstahls» an. Er verweigerte mir mit dieser Geste nicht nur eine Hilfe gegenüber dem «Artgenossen», sondern zeigte mich gleichzeitig an als einen, der sich an seiner Leistung ungerechtfertigt bereichern wollte. In diesem Moment wurde mir deutlich, daß Wissen zum Besitz werden kann, den man als ein Gut handeln kann.

Man kann Wissen verkaufen, horten und verteidigen oder freigebig austeilen, aus Freude, anderen damit zu helfen. Übrigens, ich habe während meiner Schulzeit alle Mitschüler immer von mir abschreiben lassen, weil ich stolz darauf war, wenn ich etwas geben konnte, habe aber auch gerne und dankbar genommen, wenn mir jemand aus tiefstem Herzen etwas erklären wollte. Wissen war für mich nicht Besitz, Geheimwissen für meinen persönlichen Erfolg, denn ich wollte meine Erkenntnisse wieder weitergeben und zur Diskussion stellen. So ist es bis heute geblieben. Psychologie ist für mich keine Geheimwissenschaft für «eingeweihte Auserwählte», sondern eine Hilfswissenschaft für jeden einzelnen, der nach dieser Hilfe verlangt.

Wir sollten unsere Intelligenz und unser Wissen nicht zu einem Besitztum machen und uns gegen die Unwissenden überheblich abgrenzen. Wir sollten so viel Wissen und Erfahrung in uns aufsaugen wie ein Schwamm, aber es anders als der Schwamm in einer einzigen Bewegung des Zusammenziehens so schnell wie möglich wieder abgeben. Die Rose behält ihre Schönheit und ihren Duft nicht für sich, sie gibt alles ab, wahllos an Bienen, Schmetterlinge, Vögel und Menschen, an den Verbrecher ebenso wie an einen Christen. Die Rose verströmt ihre Lebendigkeit ohne Zurückhaltung und Wertung. So sollten auch wir uns verströmen, ohne jede Wertung.

Es wird uns täglich so viel gegeben, die Luft zum Atmen, die Sonne auf dem Blatt im Wind, der andere Mensch, um ihn zu lieben, die Erfahrung eines anderen, um etwas zu lernen, das sollte in uns hineinfließen ohne jede Zensur und wieder aus uns herausströmen. Sobald ich etwas zurückhalte, kämpfe ich gegen den anderen. Nicht nur der offene Angriff ist Kampf, sondern auch die Verheimlichung. Damit möchte ich sagen: Wir sollten nichts horten, um es anderen vorzuenthalten. Jeder hat Anteil an allem. Niemand sollte etwas Geistiges oder Seelisches besitzen wollen. Alles sollte durch uns hindurchfließen und wieder aus uns herausfließen, damit jeder andere es nutzen kann, denn jeder ist Nahrung für alles, das ist die Offenheit der Liebe für die gesamte Existenz, das ist Lebensbejahung und Lebensfreude, Gesundheit und Wachstum, das Lebenselixier für die Blüte.

6
Aus meiner Praxis

«Ich will es also einmal so zu formulieren versuchen; nicht in einer unglücklichen Welt bin ich aufgewachsen, sondern in einer verlogenen. Und wenn eine Sache nur recht verlogen ist, so braucht man auf das Unglück auch gar nicht lange zu warten; das kommt dann schon ganz von selbst.»

FRITZ ZORN
1976 mit 32 Jahren in Zürich an Krebs gestorbener
Gymnasiallehrer und Autor des Buches «Mars»

Die folgenden Gespräche mit Ratsuchenden zeigen, welchen Einfluß Lebensphilosophien und Einstellungen auf das praktische Leben haben, wie sie gelebte Gelassenheit systematisch verhindern. Die Lüge kommt aus dem Gehirn, die Realität kann nicht lügen.

Als beratender Psychologe unterliege ich selbstverständlich der Schweigepflicht, und ich werde deshalb nur Gesprächsteile zitieren, die von so allgemeiner Bedeutung sind, daß die Identifizierung einer Einzelperson nicht mehr möglich ist und die Vertraulichkeit gewahrt bleibt. Die Namensangaben sind aus diesem Grund natürlich geändert.

Die Gespräche wurden von mir gerafft, sie fanden also nicht genau in der vorliegenden Reihenfolge statt. Für unser Thema uninteressante Passagen, Wiederholungen und Details wurden übersprungen, deshalb könnte der Eindruck beim Leser entstehen, daß der Ratsuchende etwas abrupt und zu rasch mit meinen Interpretationen und Hinweisen konfrontiert wird. In der Praxis geschieht alles langsamer, auch viel mühseliger, mit verschiedenen Anläufen, die dann schließlich zu den erhellenden Gedanken hinführen. Das ist sehr wichtig für die Beurteilung der Gespräche, es geht also nicht um die genaue Dokumentation von Gesprächsprotokollen (das ist nur für den Fachmann interessant), sondern um eine lebensnahe Illustration.

Mein wichtigstes Problem im Leben ist die Liebe; ich kann es nicht lösen

Renate T. (28), Studentin

Renate: «Ich bin evangelisch und meine es ernst mit meiner Religion. Ich war von deinem Buch über die Liebe wie vor den Kopf gestoßen, weil diese autonome Zweierbeziehung nicht in meine Anschauung von Partnerschaft und Ehe paßt. Du sprachst davon, daß die Liebe poetisch gesehen wie ein Schmetterling sei und sich auf eine Blüte niederläßt, wie es ihr gerade gefällt. Der Schmetterling ist so wild, daß er sich nicht dressieren läßt.»

«So ist es. Die Liebe ist wild, sie läßt sich nicht dressieren und in einen Käfig sperren; sobald du es versuchst, stirbt sie. Der Schmetterling im Käfig überlebt die Gefangenschaft nicht lange, er stirbt an fehlender Entfaltungsmöglichkeit. Er stirbt, weil er nicht das Leben entfalten kann, für das er geschaffen ist. Der Schmetterling ist ein biologisch niedrigstehendes Lebewesen. Je höher ein Tier steht, desto besser kann es sich an seine Situation der Gefangenschaft anpassen. Der Mensch als das auf Grund seines Gehirns und Nervensystems höchstentwickelte Lebewesen kann es am besten. Aber weil er es kann, darf man nicht den Fehler machen zu denken, er kann es ja, also soll er so leben. Aus der Not sollte man keine Tugend machen. Der Mensch kann Jahrzehnte hinter Gefängnismauern leben, aber man sollte daraus kein erstrebenswertes Ziel machen. Der Mensch kann Gefangenschaft ertragen, er kann sich anpassen und damit zurechtfinden, aber man darf darüber nicht vergessen, daß er für Freiheit, Autonomie, Entfaltung und Kreativität geboren ist.»

Renate: «Faßt du die Liebe als einen Trieb auf, oder ist sie etwas anderes?»

«Die Liebe ist kein Trieb, sie ist nicht der Sexualtrieb. Der Sexualtrieb hat die biologische Funktion, für die Fortpflanzung zu sorgen. Du kannst das so sehen: Der Körper ist lebendig, wach und initiativ, er will seine Fruchtbarkeit ausleben, das ist alles. Der Körper ist wie die Blüte im Frühlingswind, er kennt weder Moral noch Liebe, er ist völlig unverkrampft gelassen. Die Liebe ist etwas Seelisches. Der Körper liefert die Energie, und die Seele geht über das Körperliche hinaus ins Spirituelle und Emotionelle.

Ein Schmetterling lebt nur auf der Körperstufe, je höher die Lebewesen entwickelt sind, desto wichtiger wird die seelische Stufe. Der Mensch hat die höchste Möglichkeit psychischer Entfaltung erreicht, wohlgemerkt Möglichkeit, denn von vielen wird sie nicht genutzt. Du kannst auf der körperlichen Stufe verharren, aber du wirst damit nie zufrieden sein, denn die Seele will sich entfalten, das ist ganz natürlich. Der Widersacher dieser Entfaltung ist der Geist, er hat immer etwas zu meckern, er weiß alles besser, er kommt mit Regeln, Systemen, Lebensphilosophien, Moral, Sublimierung, Rationalisierung und diesem ganzen Diskussionsstoff, den du zur Genüge kennst. Wenn du liebst, diskutierst du nicht mehr, dann hört das Denken auf, dann stellst du keine Fragen mehr, dann brauchst du auch keine Antworten mehr von mir. Solange du nicht liebst, weil dich dein Gehirn behindert, stellst du kluge und immer wieder noch klügere Fragen.»

Renate: «Bei deiner Antwort steigt Aggressivität in mir hoch. Ich fühle mich angegriffen.»

«Ich greife nicht dich an, nicht deine Person, deinen innersten Kern, ich sage nur, daß die Liebe auf der seelischen Ebene geschieht. Der Körper liefert die Energie, er ist die Basis und der Geist, das Denken mit seinen Inhalten wirft Sand ins Getriebe. Ich sage nur, wie es ist, du wirst aggressiv, weil es dein Selbstwertgefühl kränkt, daß ich dir sage, daß deine klugen

Fragen eigentlich gar nicht nötig sind. Ich mache dir bewußt, daß du über die Liebe Gedanken entwickelst und dabei die Liebe verfehlst, das kränkt deine Eitelkeit.»

Renate: «Auch das macht mich wieder aggressiv. Ich fühle mich wie ein getadeltes dummes Kind.»

«Du bist zwar 28 Jahre alt, studierst Psychologie, stehst kurz vor dem Examen und fühlst dich trotzdem plötzlich wie ein Kind. Du dachtest, daß du viel weißt, die Seele des Menschen durchschaut hast, und stellst fest, daß es noch Neuland für dich gibt. Freue dich doch darüber. Sei glücklich darüber, daß du die Liebe in einem anderen Licht sehen kannst, begrüße dieses Licht und halte dir nicht die Hand vor die Augen.»

Renate: «Wenn die Liebe also so zweckfrei ein seelisches Phänomen ist, eine Selbstentfaltung in der Zweisamkeit, darf man dann von ihr etwas erwarten?»

«Was willst du von ihr erwarten? Warum etwas erwarten?»

Renate: «Die Heilung der Wunden, die das Leben zugefügt hat, Trost und Geborgenheit, Ende des Alleinseins.»

«Du erwartest von der Liebe etwas, was mit ihr nichts zu tun hat, Wundenheilung, Trost, Geborgenheit, Geselligkeit, du erwartest von der Liebe eine Art Psychotherapie. Liebe ist Therapie, das ist wohl richtig, sie ist seelische Heilung und wirkt sich heilend aus, wie alle Entfaltung in sich selbst Heilung beinhaltet und jede Behinderung Erkrankung verursacht.»

Renate: «Ist mein Anspruch an die Liebe zu hoch?»

«Dein Anspruch ist nicht zu hoch, aber du solltest von der Liebe nicht Unmögliches erwarten. Heilung deiner Wunden, Geborgenheit, Sicherheit, Einsamkeitsüberwindung, das alles muß aus dir herausgelöst werden, ohne den Partner, dafür ist er nicht zuständig. Für seelische Wunden benötigst du einen Fachmann, den Psychotherapeuten. Für Geborgenheit und Sicherheit benötigst du einen Vater, eine Mutter, dein Idealbild davon, zur Überwindung der Einsamkeit benötigst du andere Menschen, Geselligkeit. Liebe geschieht auf ganz anderer

Ebene. Wenn du mir z. B. sagst, daß du mich liebst, weil ich deine Wunden pflege, dir Trost spende, dir Sicherheit gebe, dir die Einsamkeit überbrücke, dann wäre ich sehr traurig, denn ich würde mich zwar von dir gebraucht fühlen, aber nicht geliebt. Du solltest mir sagen, daß ich deine Sinne anspreche, daß du die Zeit vergißt, daß dich das Problem Einsamkeit nicht mehr interessiert, daß du dich zwar nicht sicher und geborgen, aber gegenwärtig fühlst.»

Renate: «Wie finde ich aber Geborgenheit in mir selbst, wenn die Liebe sie mir nicht geben kann?»

«Die Liebe kann sie nicht geben, sie ist nicht der Weg zu dieser Problemlösung – und doch gibt sie dir Geborgenheit, allerdings absichtslos, nebenbei: Wenn du liebst, fühlst du dich geborgen in dir selbst, weil du im Augenblick aufgehst. Aber die Geborgenheit darf nie zum Selbstzweck werden, husch, dann ist der Schmetterling Liebe bereits wieder weg. Stelle nie Forderungen an deine Partnerschaft wie Geborgenheit, Sicherheit, Einsamkeitsvertreibung, gehe nie mit dieser Erwartung auf den Geliebten zu, denn in diesem Moment weicht die Liebe zurück. Sie ist ein wildes Tier und läßt sich nicht in den Käfig unserer Erwartungen, Hoffnungen, Moralvorstellungen und Prinzipien sperren. Die Liebe muß wild und frei bleiben, sie erfordert höchste Gelassenheit und Losgelöstheit.»

Ich fühle mich innerlich immer so angespannt

Rolf (36), verheiratet, selbständiger Journalist

Rolf: «Ich könnte eigentlich zufrieden sein, denn ich bin seit zehn Jahren mit einer patenten Frau verheiratet, und ich bin beruflich zufriedenstellend erfolgreich. Trotzdem fühle ich mich irgendwie nicht wohl in meiner Haut; ich stehe innerlich immer unter Spannung. Körperlich fühle ich mich gesund, keine Organbeschwerden, aber die Gespanntheit läßt mich nur ganz selten los. Mitunter wache ich schon um sechs Uhr auf, obwohl ich erst zwei Stunden später aufstehen muß. Dann kommen mir so seltsame Gedanken: Es ist ein Wunder, daß ich noch lebe, es ist wunderschön, und doch kann ich mich nicht darüber freuen. Was ist bloß mit mir los? Ich sehe rein objektiv keinen Grund für mein Unbehagen, ich habe keine ernsthaften Sorgen. Über meine Frau kann ich nicht klagen. – Ich glaube, es fehlt mir an Lebensfreude. Ich habe mitunter eine undeutliche Angst, ich weiß aber nicht wovor.»

«Die beiden wichtigsten Wörter in deiner Schilderung sind Gespanntheit und Angst, du bist nicht gelockert, nicht entspannt und nicht gelassen. Woran klammerst du dich, was macht dir Angst, es loszulassen?»

Rolf: «Ich fühle, daß es so sein könnte, aber ich weiß nicht, woran ich mich ängstlich festhalte. Ich habe viele kleine Problemchen, die Steuer, mitunter schwierige berufliche Aufgaben, Engagement für die Friedensbewegung, Kariesbefall an den Zähnen, Langeweile in der Ehe …»

«Das sind alles nicht die Ursachen für deine Spannung und Angst, das sind nur kleine Eisbergspitzen, die an der Oberfläche sichtbar sind. Das Eigentliche liegt tiefer, vor dir selbst verborgen, verdrängt aus deinem Bewußtsein. Du solltest jetzt beginnen, das Verdrängte nicht mehr wegzuschieben, sondern die Tore deiner Seele öffnen und es in die Helligkeit des Bewußtseins strömen lassen. Du verbrauchst zuviel Energie für Zensurarbeit und Widerstand gegen alles, was das Verdrängte ins Bewußtsein rufen könnte. Wenn du es wirklich ernst damit meinst, deine Gespanntheit zu verlieren, dann solltest du jetzt alle Widerstände fallenlassen und dich dem Verdrängten bis auf den letzten Rest stellen. Du darfst nicht mehr vor dir selbst, deinen wirklichen Gefühlen und Erkenntnissen ausweichen, nur weil sie nicht in dein augenblickliches Lebenskonzept passen. Du hast Angst vor dem Verdrängten, du setzt deshalb viel Kraft und Energie ein, das Verdrängte niederzuhalten. Öffne die Schleusen und laß es hereinströmen, z. B. jetzt, in diesem Augenblick, wenn du bereit bist – oder auch zu Hause, indem du es in ein Tagebuch schreibst oder in Gedichte fließen läßt. Schreiben ist dein Beruf, also wird dir das Schreiben guttun. Ich weiß, du schreibst meist im Auftrag irgendeiner Redaktion, du bist also nicht frei, sondern an bestimmte Wünsche der Redakteure gebunden, weil du von ihnen bezahlt wirst. Schreibe deshalb auch einmal für dich selbst, sei dein eigener Auftraggeber, das ist das Geheimnis der Poesie, sie entsteht im eigenen Auftrag, sie strömt ohne Fremd- oder Eigenzensur aus dir heraus, das ist Freiheit, danach fühlst du dich entspannt und gelassen.»

Rolf: «Ich mache normalerweise keine Poesie, ich bin kein Dichter, sondern eben ein Auftragsschreiber. Schreiben ist für mich Mittel zu dem Zweck, Geld zu verdienen. Die Wahrheit kann ich oft nicht schreiben, es wird verlangt, daß ich mich zurückhalte, mich selbst also nicht einbringe. Gut, ich werde versuchen, ein persönliches Seelentagebuch zu schreiben. Ich möchte aber davon unabhängig über meine Spannung auch reden.»

«Wenn du es wirklich willst und dich nicht dazu zwingen mußt, dann rede.»

Rolf: «Ich will versuchen, das Verdrängte hervorzuholen. Ich glaube, daß mich tatsächlich das Verdrängen, Lügen und

Selbstbetrügen so unter Spannung setzt. Ich lebe nicht richtig, nicht so, wie es erforderlich wäre, damit ich glücklich sein könnte. Ich jage dem Geld hinterher, obwohl ich andererseits davon überzeugt bin, daß Geld nicht glücklich macht. Ich suche Anerkennung in meinem Beruf, aber Lob macht mich nicht zufrieden, weil ich weiß, daß das nicht ehrlich ist; was ich gemacht habe, es ist bedeutungslos, deshalb ist auch das Lob bedeutungslos. Das Streben nach dieser schalen Anerkennung entfernt mich mehr und mehr von dem, was ich eigentlich will. Überall umgibt mich Lüge. Ich belüge mich selbst und belüge die anderen. Ich bin in den letzten fünf Jahren nicht gewachsen, sondern geschrumpft. Ich habe mich nicht entfaltet, sondern bin ein bißchen gestorben, verhärtet, vereinsamt. So fällt es mir jetzt ein, es klingt vielleicht nicht logisch. Ich fühle mich plötzlich ganz verwirrt, kann nicht mehr klar und folgerichtig denken, etwas Mächtiges droht über mich hereinzubrechen. Ich fühle jetzt Angst.»

«Das ist ganz natürlich, die Wahrheit wollte hervorkommen, du sagtest, daß du nicht gewachsen bist, sondern dich verhärtet hast, daß du innerlich etwas abgestorben bist, das heißt, daß deine Lebensenergie nicht frei geflossen ist. Die Wahrheit schaut hinter der Selbstbeherrschungsmauer hervor, und da entsteht zwangsläufig Angst, und du fühlst dich verwirrt. Und dann brichst du ab; du kannst es nicht aushalten, es droht dich wegzuspülen, aus der Verankerung zu reißen, aus deiner Sicherheit, die du dir nach und nach aufgebaut hast. Du reagierst auf die Angst, indem du einfach aufhörst, damit die Angst schnell wieder verschwindet. Alles ist dann wieder wie zuvor. Ich habe nicht die Macht, durch eine Art Seelenchirurgie die Schleusen wieder zu öffnen, du mußt es selbst tun, du kannst sie öffnen und dich der Flut stellen.»

Rolf: «Ich will es versuchen. Gut, ich weiß, ich habe Angst, ich werde die Angst überwinden.»

«Du brauchst die Angst nicht zu überwinden. Du darfst ruhig Angst fühlen, aber, trotz der Angst, stelle dich dem, was dich ängstigt. Fühle die Angst, aber laß dich nicht von ihr einschüchtern. Die Angst gehört einfach dazu, akzeptiere sie.»

Rolf: «Gut, ich weiß, was du meinst, ich lasse mich fallen und lasse es wieder fließen, es soll hervorkommen hinter den Schranken meiner Angespanntheit. Ich sehe, daß fast alles falsch war, was ich in den letzten Jahren gemacht habe, ich liebe meine Frau nicht mehr, ich bin zwar betriebsam, aber ich bin nicht wirklich bei der Sache, ich funktioniere wie eine Schachfigur, ich mache nur meine vorgezeichneten Züge. Ich stelle fest, daß ich so nicht leben kann, ich sterbe jeden Tag, ich entfalte nicht mein eigenes Leben, ich heuchle Liebe, wo ich keine empfinde, und ich unterdrücke Liebe und Zärtlichkeit, wo ich sie empfinde. Ich fliehe vor allem, was echt ist in mir, und klammere mich an alles Rationale, in Sicherheitssehnsucht. Ich fühle mich als ein armseliges Arschloch.»

«Zuerst war es die Angst, die dich hindern wollte weiterzugehen, jetzt sind es Selbsterniedrigung und Selbstmitleid. Akzeptiere die Angst und das Erkennen deiner Kleinheit. Du bist nur ein unwichtiges Stäubchen im Kosmos. Aber bleibe nicht dabei stehen. Du gelangst dann zum Wesentlichen, denn hinter dem verängstigten ‹Arschloch› verbirgt sich das wunderbare, einmalige Wesen, dein wahres Selbst, das mit deinen Wertungen gar nichts zu tun hat. Die Selbstabwertung ist auch eine Form des Widerstands. Akzeptiere es und gehe einfach weiter, dann löst sich die Angst auf, und du kommst zur Selbstentfaltung. Deine Wertmaßstäbe sind alle von anderen übernommen, laß sie fallen wie unnötigen Ballast.»

Rolf: «Jetzt habe ich eine Ahnung davon, was du mit Gelassenheit meinst. Alles loslassen, die Angst, die Anpassung, den Ehrgeiz, die Eitelkeit, die Bewertungen, erst dann komme ich wirklich zu mir selbst.»

«Du hast es. Jetzt können wir weitermachen, wenn du willst.»

Ich fühle mich manchmal sehr frei, dann wieder gefangen

Hans B. (32), Ladeninhaber, geschieden

Hans: «Ich habe fast alle deine Bücher gelesen und stimmte dir beim Lesen oft zu, ich fühlte mich dann plötzlich freier und entspannter, mitunter sogar beflügelt – ich begann, abzuheben und über den Wolken zu schweben. Ich konnte diese Helligkeit des Bewußtseins, um es mal so zu nennen, einige Tage festhalten, aber dann war sie leider wieder weg, und ich tappte erneut im dunkeln, der Alltag hatte mich mit seinen Problemen wieder aufgesogen, dann war ich wieder gefangen im Tagesablauf, in Plänen, im Jagen nach Zielen, und ich wurde wieder intolerant zu den Mitmenschen, auch unduldsam und leicht aggressiv. Ich fühle genau, daß das nicht richtig ist, daß ich dann wieder in meinen früheren Zustand zurückgefallen bin – darüber ärgere ich mich.»

«Ärgern solltest du dich darüber nicht, das ist nicht nötig, die Hauptsache ist, es fällt dir auf, das ist gut. Bleibe bei diesem Sehen unter Bedauern aber nicht stehen, sondern werde dir bewußt, wie das alles zusammenhängt. Laß es uns jetzt einmal gemeinsam untersuchen. Die Problemlösung ist nach meiner Meinung in der Problemschilderung bereits sichtbar. Du gebrauchst die Wörter ‹aufgesogen, gefangen im Tagesablauf, Plänen, Zielen hinterherjagen, intolerant, unduldsam und leicht aggressiv›. Das ist ein ganzes Symptombündel, jedes Symptom paßt zum anderen und stützt das andere, du verstrickst dich darin, bis dich z. B. die Lektüre von ‹Lebenskunst› wieder herausholt für einige Stunden oder Tage. Du willst aber für immer heraus, in Freiheit leben, gelassen sein, nicht einer Sache, einem Plan oder Ziel verhaftet sein. Du siehst hoffentlich jetzt ganz deutlich, daß im Betrachten des Problems bereits die Lösung liegt. Sie lautet, laß dich nicht ‹aufsaugen› vom Tagesablauf, laß dich nicht hineinziehen, sondern bleibe spontan, bleibe bei dir und in dir selbst, das heißt, bleibe selbstbestimmt und werde nicht fremdbestimmt, und vor allem versklave dich nicht selbst, dann bist du nicht mehr Gefangener des Tagesablaufs, sondern du bestimmst wieder selbst, nicht der Ablauf und das Reglement herrschen über dich. Mach keine weitreichenden Pläne und jage keinen großen Zielen hinterher, lasse sie los, das ist Gelassenheit. Ich sage nicht, du sollst überhaupt keine Ziele haben, also ziellos umherirren; aber behalte Distanz zu allen Zielen, entwickle keine Zeitpläne und sei nicht ehrgeizig.

Im Berufsleben muß man natürlich einen Plan machen, z. B. wie man eine Sache ökonomisch erledigt. Dazu setzt du dein Gehirn als brauchbares Werkzeug ein, aber überfordere deine Seele nicht dabei, behalte die Übersicht, bleibe der Meister, es ist dein Plan, du kannst ihn jederzeit ändern. Der Plan darf nicht zum Chef werden und du nicht zum Sklaven. Dann wirst du automatisch tolerant sein, duldsam und friedfertig. Wenn du aber vom Ehrgeiz besessen bist, kannst du anderen gegenüber nicht tolerant sein, sie stehen dir im Weg herum, ihre Fehler reizen dich zur Aggression, du bist schnell wütend, wenn sich Schwierigkeiten ergeben, du kannst das nicht dulden, also bist du unduldsam, selbst getrieben, treibst du andere, spürst ihren Widerstand und versuchst, ihn zu brechen, du willst dich durchsetzen, anderen deinen Willen und deine Meinung aufzwingen, das hängt alles zusammen. Du wirst leicht aggressiv, weil du bei Schwierigkeiten sofort Angst bekommst, daß der Plan nicht klappen könnte, das Ziel nicht in geplanter Weise erreicht wird usw. Du hast keine Distanz, und alle Angstfreiheit, Gelassenheit und Losgelöstheit ist weggeblasen, das ist natürlich, weil es ein psychisches Gesetz ist. Du kannst nicht ehrgeizig Zielen hinterherjagen und dabei angstfrei, liebevoll und tolerant sein. Der Kaffee kocht nicht mit Eisstückchen.

Du mußt dich also entscheiden, willst du gelassen und frei sein, oder willst du ehrgeizig Ziele verwirklichen? Beides zugleich geht nicht. Du kannst entweder frei sein oder gefangen. Wenn du dein Gefängnis freiwillig wählst und deinen Zustand klar erkennst, weil du dir von Gefangenschaft etwas versprichst, dann ist es in Ordnung. Wenn du aber im Gefängnis sitzen bleiben willst, weil es so bequem ist, aber andererseits auch ein freier, gelassener Mann sein willst, weil das gesünder und menschenwürdiger ist, dann beginnen die inneren Konflikte: Du mußt dich entscheiden – und Entscheiden ist oft unangenehm. Du mußt dich auf dich selbst besinnen, keiner kann dir die Entscheidung abnehmen. Das ist schwierig, weil du bisher oft andere für dich hast entscheiden lassen, z. B. die Eltern, die Lehrer, die Lehrherren, die Chefs, den Staat, die Religion. Bisher hat man dir immer gesagt, was richtig ist und was du tun sollst, damit du den und den Vorteil bekommst. Jetzt hast du etwas von der Glückseligkeit der Freiheit gelesen, du hast verstanden, was damit gemeint ist, du fühlst, was Freiheit für dich sein könnte, du träumst dich in die Freiheit hinein, und dann kommt wieder der Alltag – weg ist die Gelassenheit, du bist schlagartig wieder ehrgeizig, denn so hast du es gelernt, du bist darauf konditioniert, wie die Behavioristen sagen. Deine Konditionierung steht im Widerstreit zu deiner Sehnsucht nach Selbstentfaltung, Glück, Toleranz und seelischer Gesundheit. Gelesen hast du genug, und verstanden, soweit es der Intellekt verstehen kann, hast du auch genug, du mußt dich jetzt für die Loslösung aus deiner bisherigen Fremdbestimmtheit wirklich ernsthaft entscheiden – und dann den neuen Weg gehen, der Weg ist das Ziel, alles weitere entwickelt sich aus dem Gehen. Zuerst erfolgt das Loslassen, trotz der Angst und Kleinmütigkeit, die damit verbunden sind.»

Hans: «Hilf mir, loszulassen.»

«Ich helfe dir durch dieses Gespräch, aber du darfst nicht von mir erwarten, daß ich dich losreißen werde. Es ist deine Handlung, laß dich nicht schieben oder stoßen. Du mußt selbst loslassen, dich der Angst stellen, ich kann dir die Angst nicht nehmen. Schau nicht auf mich, ich bin nicht das Beispiel für dich, du bist wieder anders, werde nicht wie ich, werde, wie du bist. Du bist anders gefangen, als ich es jemals war. Betrachte dich selbst, deinen Ehrgeiz, deine Unduldsamkeit. Schau nicht mich, sondern dich an, denn es geht um deine Freiheit. Der Ausbrecher aus dem Gefängnis muß selbst ausbrechen, er darf nicht auf historische Ausbrecher schauen, sonst verliert er die Kraft und Konzentration. Uns verbindet nur das Phänomen Freiheit, das ist alles. Ich kann dir Mut machen, wenn du verzagt bist. Ich bin aber kein Tröster und Bemitleider, wenn du es nicht selbst schaffst. Ich kann dich nur immer wieder zu dem Punkt zurückführen, an dem du dich entscheiden mußt, die Türe aufzustoßen und in die Freiheit zu gehen. Der Weg liegt offen da, hier vor dir, jetzt in diesem Moment.»

Hans: «Jetzt bekomme ich Angst.»

«Das ist normal. Übrigens, du stehst nicht unter Zeitdruck. Jeder Moment geht in einen neuen Augenblick über.»

Bist du ein Wissenschaftler, ein Philosoph oder ein Weiser?

Roswitha P. (42), Zahnärztin, verheiratet, zwei Kinder

Roswitha: «Ich kenne dich schon lange, etwa fünfzehn Jahre. Nun habe ich Probleme in meiner Ehe und möchte mich von dir beraten lassen. Ich frage mich deshalb, wer du eigentlich bist, zu wem ich mich setze, zu einem Psychologen, der ein Wissenschaftler ist, oder zu einem Lebensphilosophen, vielleicht auch zu einem Weisen, von dem ich Erkenntnisse erwarte, die ich von einem üblichen Psychologen nicht unbedingt erwarten darf, oder bist du vielleicht ein Künstler, der fernab von der Realität ein künstlerisches Weltbild aufbaut, ein Kunstbild der Welt? Nun kenne ich dich schon so viele Jahre, von kurzen Begegnungen, und ich habe auch einige deiner Bücher gelesen, aber ich weiß nicht, wer du wirklich bist.»

«Das ist ein großes Kompliment, daß es dir nicht gelungen ist, mich so einfach zu definieren, in die Schublade zu packen, Etikett drauf und Schublade zu. Ich möchte dir kurz auf deine Fragen antworten, glaube aber nicht, daß es dir bei deinem Problem wirklich weiterhilft. Ich habe ein wissenschaftliches Studium der Psychologie absolviert und abgeschlossen, habe aber keine wissenschaftliche Laufbahn im Sinne der Universitäten eingeschlagen, bin also kein Universitätswissenschaftler, fühle mich aber trotzdem als Wissenschaftler, in einem weiteren Sinn. Meine Bücher basieren auf den wissenschaftlichen Erkenntnissen der Psychologie, Psychoanalyse, Medizin und Soziologie, ich bin aber kein Wissenschaftler, der streng dogmatisch im konservativen System bleibt, denn ich bin auch Philosoph, habe auch Philosophie und vor allem philosophische Anthropologie studiert. Meine Philosophieprüfung legte ich bei Professor Bollnow in Tübingen 1967 mit der Note ‹sehr gut› ab, sofern solche akademischen Leistungsnachweise für dich wichtig sind – ich halte sie übrigens für unwichtig. Ich verbinde Psychologie und Philosophie. Beide Wissenschaften sind für mich nicht getrennt. Ich fühle mich unabhängig und frei: Wenn du mich als Weisen bezeichnen willst, kannst du das tun, denn es geht letztlich um Weisheit. Wenn sich jemand selbst Weiser oder Künstler nennt, stößt das viele Menschen ab. Ich weiß, daß ich auf dem Weg der Weisheit gehe und, damit verbunden, auch den Weg des Künstlers gehe, nicht im Sinne eines ‹Kunstbildes von der Welt› und den Menschen.

Wir sind gewohnt, unsere Mitmenschen zu etikettieren; er ist ein Wissenschaftler, dieser ein Weiser, jener ein Künstler. Diese Trennungen halte ich für schädlich, die Übergänge sind fließend; wenn du weit vorausgehst, fließen Wissenschaftler, Philosoph, Künstler und Weiser ineinander, das ist ganz natürlich.»

Roswitha: «Oder ist das, was du verkündest, eine Art Religion, bist du vielleicht ein religiöser Weltverbesserer?»

«Wenn du weitergehst, kommst du auch zwangsläufig zu einem religiösen Bewußtsein; Wissenschaft, Kunst, Philosophie und Religion fließen am Ende zusammen, werden eins. Sollen wir das jetzt wirklich erörtern? Du bist gekommen, um dir über deine Ehe Klarheit zu verschaffen.»

Roswitha: «Ich möchte zuerst diese grundsätzlichen Fragen klären, bevor ich beurteilen kann, ob du mir in meinem Eheproblem weiterhelfen kannst.»

«Wenn ich dir rate, dich von deinem Partner zu trennen oder bei ihm zu bleiben, dann mußt du selbst dabei voll und ganz mitschwingen, dann ist es gleichgültig, ob ich Wissenschaftler, Künstler, Weiser oder ein ‹Heiliger› bin. Du suchst eine Kapazität, der du dich blindlings anvertrauen kannst, um eine Entscheidung in dem Glauben zu treffen, der größtmöglichen Kapazität zu folgen. Du versuchst, deine Verantwortlichkeit abzuwälzen, dann kannst du sagen: ‹Ich habe dem bedeutenden Wissenschaftler, Philosophen und Weisen vertraut.› Ich rate dir, mache mich nicht zu einer solchen Autorität, ich möchte nicht, daß du mir autoritätsgläubig folgst, sondern daß du dein Problem mit mir nur betrachtest. Ich helfe dir dabei, Licht darauf zu werfen, damit du in Helligkeit und Klarheit des Sehens besser entscheiden kannst. Ich bin in der Lage, deine Probleme zu erhellen, das Falsche als falsch sichtbar zu machen, Ballast wegzuräumen und dir so deine eigene Sicht leichter zu ermöglichen, das ist alles. Deshalb ist es nicht einfach, denn ich muß mich auf dich einstellen, ich muß erkennen, wo deine Widerstände sind, wo du dich festgefahren hast.»

Roswitha: «Entscheidest du dann nicht doch für mich?»

«Nein, ich weise dich auf deine Verkrampfungen hin, auf dein falsches Denken, ich decke deine Irrtümer auf, aber letztendlich entscheidest du, weil ich dich auf dich selbst verweise. Ich werde nie sagen, folge mir nach, sondern ich sage dir, folge dir selbst. Dir diesen Weg zu zeigen, das ist die ganze Weisheit.»

Roswitha: «Da liegt mein Problem, ich weiß nicht, wie ich mir folgen soll, deshalb brauche ich den Rat einer anerkannten Autorität, die mehr davon versteht als ich.»

«Ich werde dir keine Entscheidung abnehmen können. Ich zeige dir, wie du in deinen Konflikt hineingekommen bist, warum es dazu kommen mußte, weil die seelischen Gesetzmäßigkeiten so und so beschaffen sind. Ich möchte dich in die Lage versetzen, deine Situation deutlicher zu sehen, damit du dir den notwendigen Rat selbst geben kannst – er soll aus dir geboren werden. Natürlich könnte ich vorschreiben, mach dies und laß das, aber dann bist du nur der Autorität gehorsam, handelst ohne tiefe Ein-‹Sicht›, stehst nicht voll dahinter, dein Herz schwingt nicht mit, dann hat dein Handeln keine Kraft. So, und jetzt laß uns gemeinsam Einsicht gewinnen in dein Eheproblem, damit dir heute noch die Lösung vor Augen liegt und dein Handeln Kraft gewinnt und du deine Flügel ausbreiten kannst und wieder in der Lage bist zu fliegen.»

Ich möchte mein Leben genießen. Bin ich auf dem richtigen Weg?

Manfred B. (41), geschieden, selbständiger Kleinverleger

Manfred: «Ich bin schon zum zweitenmal geschieden, weil mir die Partnerin zu langweilig wurde, deswegen habe ich mitunter Schuldgefühle, weil ich nicht treu sein kann, also nicht in der Lage bin, eine Liebe festzuhalten – das ist das eine. Zur Zeit lebe ich mit einer Freundin zusammen, die mich zur Heirat drängt, aber ich will nicht zum drittenmal heiraten und womöglich in fünf Jahren vor der dritten Scheidung stehen. Jede Scheidung hat mich psychisch stark belastet, da meine beiden Exfrauen offenbar sehr enttäuscht von mir waren, mich deshalb beschimpften, finanziell sehr abfindungsgierig waren und ich so den Eindruck hatte, daß ich wohl nie richtig geliebt wurde. Wer nur Geld und materielle Werte bei der Trennung im Kopf hat, kann doch nicht geliebt haben, oder?

Ich möchte mein Leben genießen, wenn das mit der Partnerin nicht mehr möglich ist, möchte ich mich lieber trennen. Ist das so egoistisch? Meine Freunde und Bekannten sagen, daß man Verantwortung tragen soll und die Einstellung, das Leben zu genießen, nicht zu verwirklichen wäre. Sie sagen auch, ich wäre ein Egoist, der nur sich selbst lieben würde. Aber ich meine, daß das nicht den Kern trifft, denn ich bin sehr freigebig, bin nicht materialistisch eingestellt, will niemanden übervorteilen, will nur ehrlich lieben und aufrichtige Gefühle haben, sonst nichts. Ist das egoistisch? Das sind jetzt viele Fragen, die aus mir heraussprudeln. Ich möchte mein Problem deshalb präzisieren: Wie kann ich fröhlich und ohne Schuldgefühle mein Leben und die Liebe genießen, ohne immer wieder in die Enge einer Eheschließung getrieben zu werden? Spontan würde ich meine jetzige Freundin sehr gerne heiraten, sie wäre überglücklich, und das würde mich auch glücklich machen, aber ich fürchte mich vor der Verantwortung. Ich möchte mich nicht zum drittenmal so beschimpfen lassen. Ich habe trotzdem ein schlechtes Gewissen. Stimmt mit mir etwas nicht? Wie kann ich zuverlässiger werden? Jetzt ist es wieder nicht bei einer konkreten Frage geblieben. Ich fühle mich so unsicher.»

«Ich kenne deine Fragen sehr gut, sie sind nur scheinbar voneinander verschieden, sie münden in die eine Frage: Kann ich die Liebe genießen, wenn sie sich im Augenblick entfaltet, und bin ich verpflichtet weiterzulieben, wenn sie verflogen ist? Die Frage kann auch lauten: Darf ich mein Leben im Augenblick glücklich genießen, ohne Schuldgefühle zu haben, wenn ich den Augenblick nicht als Pflicht wiederholen kann? Du willst wissen, ob du ein sündiger Egoist bist, dem nur das gegenwärtige Glück wichtig ist, oder ob du ein verläßlicher Partner bist, der treu, pflichtbewußt seine Gefühle anbindet.

Wir müssen beide viele Worte machen, um eine einfache Sache zu erleuchten. Ich will einfach antworten: Du bist nicht verpflichtet, du mußt nichts wiederholen, wenn du dich frei entfalten willst. Wenn du genießen willst, dann solltest du das auch zugeben und ehrlich aussprechen, ohne Angst, die Partnerin dadurch zu verlieren. Sobald du Treue, Konstanz und Ehe vorgaukelst, um dadurch die Partnerin hingebungsvoller oder glücklicher zu machen, schlidderst du in die Situation hinein, daß man dich irgendwann einmal bei deinem Wort nehmen wird. Ich halte das zwar nicht für richtig, denn in der jeweiligen Situation mag eine Zukunftsprojektion stimmig und schön sein, aber einige Wochen später mag sie absurd sein, und man will dich auf deine Projektion festnageln. Es führt jetzt zu weit, das genauer zu untersuchen. Entfalte das Leben und die Liebe ohne Schuldgefühle, denn es ist keine Sünde, glücklich zu sein. Du bist auf dem richtigen Weg. Der Mensch lebt auf dieser Welt, um sein Leben in Glück und Liebe zu entfalten. Aber hüte dich davor, Versprechungen für die Zukunft abzugeben. Der Genuß ist in Ordnung, aber die Gier – wir wollen das jetzt wiederholen und zum Gesetz unseres Lebens machen – ist nicht in Ordnung. Du solltest ehrlich bleiben. Ehrlich kannst du ja nur im Augenblick sein. Alles gilt für das Jetzt. Projiziere nichts auf das Morgen, so verlockend das sein mag, um den Genuß zu erhöhen. Der Genießer pflegt den Genuß, der Glückliche bleibt spontan. Werde ein Glücklicher und kein Genießer. Der Glückliche ist naiv und selbstvergessen – und deshalb unschuldig, er ist heilig in seiner Unschuld. Der Genießer dagegen plant den Genuß, er ist raffiniert, er bringt die Wiederholung ins Spiel, er wird beim Wort genommen und wird schuldig. Bleibe unschuldig im Glück und mache das

Glück nicht zur Lust. Der Lustsucher (Lüstling) ist abhängig, während der Glückliche losgelöst und frei ist. Meine Philosophie ist die Lehre der Freiheit, nicht die Verehrung der Lust und Gier.»

Manfred: «Mein Kopf ist total verwirrt. Diese vielen Begriffe und ihre Bedeutung kann ich nicht genau auseinanderhalten.»

«Ich bin froh, daß du das jetzt so ehrlich sagst. Ich werde das Gesagte deshalb nochmals mit anderen Worten wiederholen. Höre genau zu, ohne zu werten, werde ganz ruhig und still. Wir wollen ein Licht anzünden, das ist alles. Wir wollen dein Problem nochmals in Ruhe genau betrachten. Das wird nicht schwer sein, denn du bist bereits auf dem richtigen Weg.»

Angst und Ärger gehen mir ans Herz

Rolf K. (42), kaufmännischer Angestellter, verheiratet, zwei Kinder

Rolf: «Ich habe seit etwa fünf Jahren Probleme mit meinem Herzen, z. B. Rhythmusstörungen, die mich ängstigen, und es treten mitunter auch Herzschmerzen auf. Die Ärzte konnten nichts Organisches finden, sie rieten mir, täglich einige Kilometer zu laufen, das Rauchen aufzugeben und Gewicht abzunehmen. Das habe ich alles befolgt, aber diese Symptome sind nicht verschwunden. Besonders bedrückt mich das Bewußtsein, daß ich mit 42 in einem Alter bin, wo mich jederzeit ein Herzinfarkt treffen kann.»

«In den vergangenen zehn Jahren wurden in den USA verschiedene Forschungsprojekte durchgeführt, die u. a. gezeigt haben, daß Personen mit sogenannten Risikofaktoren, wie Bluthochdruck, hohem Cholesterinspiegel, Übergewicht und Nikotinabhängigkeit, die nach den bisher üblichen Methoden vorsorglich medizinisch behandelt wurden, nicht gesünder waren als eine sogenannte Vergleichsgruppe von Patienten mit den gleichen Risikofaktoren, die aber überhaupt nicht therapiert wurden. Ja, bei den Therapierten lag die Sterblichkeitsrate sogar etwas höher. Das zeigt, daß die bisher als Risikofaktoren geltenden Aspekte gar nicht so bedeutend sind, daß zumindest die bisher übliche Vorbeugung nicht sehr nützlich ist. Eine andere Untersuchung zeigte, daß die Senkung des Bluthochdrucks nicht zu einer Verminderung des Infarktrisikos führt. Die Mediziner müssen in diesen Punkten also umdenken. Es ist höchste Zeit, denn Herz- und Gefäßkrankheiten sind heute die häufigste Todesursache in den Industrieländern. Eine andere Studie zeigte auch, daß 86 Prozent der Männer mit drei der genannten Risikofaktoren gesund bleiben und andere starben, obwohl sie nicht rauchten, Sport trieben, kein Übergewicht hatten und Margarine statt Butter aßen.

Der anerkannte amerikanische Professor Ray H. Rosenman vom Institut für Verhaltensmedizin in San Francisco nannte als einzig wirkliche Risikofaktoren jetzt psychische Einflüsse wie Ärger, Ungeduld, Angst und Irritation. Dem stimmte auch der Generalsekretär Helge Einfeldt von der Europäischen Organisation für den Kampf gegen Kreislaufkrankheiten (EOCCD) zu. Seit zwölf Jahren predige und schreibe ich nichts anderes: Angst und Ärger gehen ans Herz! Damit wird ja nicht behauptet, daß Rauchen gesund wäre oder Bewegungsmangel, Übergewicht und Bluthochdruck angestrebt werden sollten. Natürlich nicht. Aber die Aufmerksamkeit muß sich von der Scheuklappendiagnose rein körperlicher Symptome auf die Beachtung der Seele verlagern. Ich sage: Nicht allein im gesunden Körper schlägt ein gesundes Herz, sondern die gesunde

Seele heilt den Körper und schafft sich so automatisch ein gesundes Herz.»

Rolf: «Wenn ich Ärger im Büro oder zu Hause habe und Angst und Aggression fühle, in einem seelischen Konflikt bin, dann verstärken sich meine Symptome. Ich sage oft: Mir legt sich alles aufs Herz. Einem anderen geht ein Konflikt vielleicht an die Nieren, bei mir reagiert sofort das Herz. Die Ärzte meinen, das würde daran liegen, daß mein Herz- und Kreislaufsystem eben erkrankt sei.»

«So kann man natürlich argumentieren, das ist auch nicht ganz falsch, denn wenn einmal das Herz auf seelische Einflüsse reagiert hat, und zwar wiederholt, dann kann das natürlich leicht chronisch werden. Ärger → Herzschmerz, Angst → Bluthochdruck, Ungeduld → Herzrhythmusstörung.

Körper und Seele lassen sich nicht voneinander trennen, sie sind eine Einheit. Der Volksmund kennt viele Redewendungen im allgemeinen Sprachgebrauch, die auf diese Einheit hinweisen: Etwas liegt mir schwer im Magen, ich muß alles in mich hineinfressen, es geht mir etwas unter die Haut, da läuft mir die Galle über, das verschlägt mir den Atem, es zerreißt mir das Herz, etwas sitzt im Nacken, da bleibt mir die Spucke weg, darüber bin ich verschnupft, dafür bin ich blind und taub, da muß man sich den Kopf zerbrechen usw. Man kennt diese Zusammenhänge seit Jahrtausenden, nur dic moderne Medizin mitsamt den Krankenkassen ignoriert sie, denn psychologische Behandlung wird von den allermeisten Kassen nicht übernommen, obwohl allen Beteiligten theoretisch bekannt ist, wie eng Körper und Seele zusammenhängen, als eine Einheit auch gar nicht voneinander getrennt werden dürfen. Wobei die Seele sogar wichtiger ist, denn sie macht den Körper krank, erzeugt die organischen Symptome, die deshalb nicht einseitig organisch beseitigt werden können, sondern durch Seelentherapie, also Therapie an der Wurzel des Problems.

Die umgangssprachlichen Äußerungen zur Leib-Seele-Einheit beziehen sich vor allem auf Ärger, Schreck, Wut und

Angst. Schwer im Magen liegt Ärger, Ärger frißt ein Loch in den Bauch, unter die Haut geht Schreck, die Galle läuft über bei Wut, an die Nieren geht Ärger, weiche Knie bekommt man aus Angst, den Atem verschlägt Schreck, der wütend macht, das Herz zerreißen Ärger und ohnmächtige Wut, im Nacken sitzen Angst und unausgelebte Wut, die Spucke bleibt weg vor Schreck, und blind ist man vor Wut oder auch Angst. Aber es gibt natürlich auch die positiven Einflüsse: Das Herz hüpft vor Freude, es wird leicht, die Augen sprühen und leuchten vor Glück, ein Stein fällt vom Herzen, der Atem wird heftig, Hunger und Durst verschwinden, die Wangen sind vor Freude gerötet, in Vorfreude läuft der Speichel im Mund zusammen, die Gesichtszüge werden durch Liebe weich und entspannt, die Stimme zittert vor Glück, die Bewegungen werden ruhig und gelassen, der Atem wird tief, wenn man sich am Ziel weiß.

Vor allem das Herz ist ein körperlich-seelisch wichtiges Organ. Das Herz ist zwar nicht das Zentrum der Seele, aber durch das rhythmische Pumpen des Blutes durch die Adern das zentrale Empfindungsorgan für die innere Lebendigkeit. Vor allem Freude beeinflußt das Herz positiv. Man spricht von Herzlichkeit, wenn ein Kontakt intensiv ist, und übermittelt ‹herzliche Grüße›, Grüße, die von Herzen kommen, wenn man sagen will, daß man die Sympathie ehrlich meint. Das Herz ist seelisches Zentrum der Ehrlichkeit und Wahrhaftigkeit. Christus wollte die Herzen der Menschen begeistern, nicht den Kopf. Das Herz muß sprechen, wenn es um entscheidende Dinge des Lebens geht, um Partnerwahl, Berufswahl und Hobby. Ehrlichkeit und Wahrhaftigkeit machen das Herz gesund. Mit vollem Herzen dabeisein! Wenn du mit vollem Herzen dabei bist, entstehen keine Herzschmerzen, Herzrhythmusstörungen und Herzbeklemmungen.

Dein Herz ist untergegangen wie die Sonne am Abend, dir muß das Herz wieder aufgehen – und du bist geheilt. Das ist die richtige Therapie für dich – Herzaufgang.»

Soll ich mich verteidigen? Kampf oder Friede?

Daniel (36), Lehrer, verheiratet

Daniel: «Ich fühle mich seelisch normalerweise ausgeglichen und wohl. Aber mit der Aggression werde ich nicht fertig, nicht mit eigener und auch nicht mit fremder.»

«Die Aggression ist tatsächlich ein großes Problem, sie zeigt sich in sehr variationsreicher Bandbreite von offener Aggressivität, die in extremer Ausprägung Sadismus wird, bis zu mehr oder weniger verschleierter Aggressivität, die nur sehr zaghaft durch eine kleine ironische Bemerkung sichtbar gemacht wird und schnell durch Lächeln und die Bemerkung ‹Spaß muß sein› verharmlost wird, bis zu stark verschleierter Aggressivität, die als solche normalerweise gar nicht mehr erkannt wird. Konsum kann z. B. eine solche versteckte Aggression sein, wenn die Motivation darin besteht, die anderen neidisch zu machen. Oft ist die Aggression so verborgen, daß auch der Aggressive sich selbst gar nicht dessen bewußt ist, daß die ‹Anschaffung der antiken Sitzgruppe› von aggressiven Motiven mitbestimmt wird. Auch so positive Werte wie Fleiß und ‹Arbeitswut› sind oft durch verborgene Aggressivität verursacht. Welche Probleme hast du mit der Aggressivität?»

Daniel: «Ich möchte im Grunde friedfertig sein, mit meinen Mitmenschen gut auskommen, in Harmonie leben und liebesfähig sein. Das ist mir aber nicht möglich, da ich von anderen oft angegriffen werde, vor allem im Beruf kämpft jeder gegen jeden. Ich habe den Eindruck, daß ich überall von Gereiztheit und Aggression umgeben bin. Ich will mich nicht unterbuttern lassen, muß mich verteidigen und wehren, also kämpfen, so entsteht Aggression. Ich suche aber eigentlich Frieden und will friedfertig sein. Ich kämpfe nicht gerne, denn mal unterliegt man, und mal gewinnt man, beides gefällt mir nicht. Ich möchte nicht aggressiv sein, bin es aber leider oft. Wie finde ich aus diesem Dilemma heraus?»

«Solange es dir wichtig ist, dich zu behaupten, niemals. Wenn du Zuneigung erwartest und Harmonie, wird dich die böse Realität immer enttäuschen. Auch solange du ein guter Mensch sein willst, gelingt es dir nicht. Die anderen sind böse, aber du bist gut, denkst du vorwurfsvoll und liegst so im Kampf mit dem Bösen. Du bist erst dann von dem Konflikt frei, wenn du die anderen böse sein läßt, wenn du sie nicht mehr verurteilst, sondern akzeptierst und nicht dich selbst als Guter von ihnen trennst.

Jede Methode, um sich selbst gut zu empfinden im Vergleich zu anderen, ist Kampf, auch gespielte Sanftmut, Güte und Beschwichtigung ist eine Form des Kampfes. Sanftmut und Friedfertigkeit sind nur dann keine kriegerischen Methoden, wenn du absichtslos-erwartungsfrei friedfertig bist, wenn du durch keinen Trick mehr überlegen sein willst, wenn du auch nicht einmal mehr gut sein willst, die anderen zwar beobachtest, aber nicht mehr verurteilst, dich über ihre Intrigen nicht mehr entrüstest, dich über ihre Aggression nicht mehr ärgerst, nicht mehr wütend wirst, wenn man dich beleidigt, sondern die Aggression gegen dich als etwas ganz Selbstverständliches und Natürliches betrachtest – erst dann wirst du frei von Ärger, Angst und Wut.

Wenn noch eine Spur von Angst da ist, flackern Aggressionen in dir immer wieder auf. Beobachte dich selbst: Sobald dich etwas ängstigt, entsteht die Bereitschaft zur Aggression, das ist ein psychologisches Naturgesetz. Du kannst dich nicht mit dem Willen zwingen, angstfrei zu sein, solange du gierig bist und etwas erreichen willst. Sobald du etwas anstrebst, und sei es sogar Sanftmut und Güte, entsteht die Angst, es nicht zu erreichen, und die Aggression wird wach, gleichgültig, wie versteckt sie zum Ausdruck kommt, es ist Aggression, und du bist im Teufelskreis gefangen. Ich weiß, es ist schwer, die erforderliche Einstellungsänderung zu erreichen, so daß alles Streben, Wünschen und Erwarten in dir in sich zusammenfällt. Du mußt aufgeben, dich dem Leben ergeben, wunschlos werden, geben, nicht mehr nehmen. Dein Stolz muß sich in Luft auflösen, du wirst dann deiner selbst bewußt ohne Geltungsstreben und demonstratives Selbstbewußtsein. Du stirbst und wirst wieder neu geboren, du atmest den Tod aus und atmest Leben wieder ein. Nicht, daß du gebrochen wärst, enttäuscht oder gar verbittert, nein, du empfindest ein wunderbares Glück, denn der Kampf ist zu Ende. Alle Verkrampfung und Spannung fällt von dir ab. Keine Angst mehr, du bist frei und friedfertig, ohne stolz darauf zu sein. Es ist bedeutungslos, weil du glücklich bist – Gelassenheit breitet sich in dir und um dich aus. Du siehst aggressive Menschen mit neuen Augen.»

Ich bin ein Fremdling und Außenseiter

Gunther T. (38), selbständiger Journalist für Public Relations

Gunther: «Ich lese gerne und finde in der Literatur viel Trost und Hilfe, z. B. bei Goethe, Hölderlin und Hesse, diesen drei ganz besonders deutschen Poeten. Ich war in den vergangenen Jahren nach meiner gescheiterten Ehe bewußt auf der Suche nach mir selbst. Je mehr ich mich selbst gefunden habe, desto mehr aber fühlte ich mich als Außenseiter. Ist das in Ordnung? Meine Frau wollte immer nur Liebe nehmen, sie suchte bei mir Schutz und Anerkennung, ich sollte ihr Vater, großer Bruder, Mäzen, Lehrmeister und ergebener Bewunderer sein. Ich wollte mich aber auch selbst verwirklichen, nicht nur für ihre Selbstverwirklichung dasein. Sie wurde oft ärgerlich, wenn ich Bücher las, u. a. auch deine. Sie war eifersüchtig auf meine Bücher und Hobbies, Golf und Billard. Wenn ich zu ihr sagte: Ich habe auch mein eigenes Leben, meine eigenen Gedanken und bin auf der Suche nach mir selbst, dann beschimpfte sie mich als Egoisten, der sich von seinen Mitmenschen zurückzieht. Sie warf mir oft vor: Du lebst in deiner eigenen Welt, du bist beziehungslos! Immer, wenn ich mich nicht mit ihren Problemen beschäftigte, war ich beziehungslos und ein Außenseiter der Gesellschaft.»

«Das hat dich zutiefst gekränkt, damit bist du heute noch nicht fertig. Sie hat dir das Schuldgefühl eingeredet, daß Selbsterfahrung etwas Negatives wäre.»

Gunther: «Sie hat mir Schuld- und Angstgefühle vermittelt, beziehungslos zu sein, ein egozentrischer Außenseiter, der sich von den Mitmenschen abwendet, anstatt sich ihnen zuzuwenden. Ich konnte das nicht mehr ertragen, das alles hat mich wütend gemacht, und es gab immer häufiger Streit. Ich bin deshalb ausgezogen und habe die Scheidung eingereicht. Die Zeit nach der Scheidung war wunderbar, ich habe mich dann endlich frei und intensiv in meine Interessen gestürzt und viel über Religionen gelesen, habe sogar das Neue Testament studiert und mich mit Christus identifiziert.

Immer, wenn ich mich mit Bekannten intensiver unterhielt, wollte ich von meinen Erkenntnissen sprechen, aber ich stieß auf großes Unverständnis. Ich fühlte mich wieder als Fremdling. Was mich beschäftigte, schien niemandem etwas zu bedeuten. Deshalb bin ich jetzt hier. Viele sagen, es sei nicht gut, ein Außenseiter zu sein. Soll man sich voll Liebe den Mitmenschen hingeben, auch wenn man sich fremd fühlt und weiß, daß man anders denkt und fühlt? Das ist meine Frage.»

«Eine sehr bedeutungsvolle Frage, die leicht zu beantworten ist, aber die Antwort ist schwer in einfachen Worten verständlich zu machen. Ich will es versuchen. ‹Viele sagen, es ist nicht gut, ein Außenseiter zu sein›, sagtest du. Niemand will, daß ein anderer ein Außenseiter sei, denn jeder geht davon aus, daß der andere möglichst so sein soll, wie er selbst ist. Das ist natürlich dumm und unreif, denn keiner ist wie ein anderer, jeder ist individuell, das ist weder gut noch schlecht, sondern eine Tatsache wie das Gesetz der Schwerkraft. Wenn ein Stein herunterfällt, ist es gut, wenn er ins Moos fällt, schlecht, wenn er mir auf den Fuß fällt. Das Moos hätte natürlich lieber, der Stein wäre mir auf den Fuß gefallen.

‹Niemand will, daß ein anderer ein Außenseiter sei›, sagtest du. Ich finde es natürlich und normal, daß ein anderer ein Außenseiter ist. Und dann deine bedeutungsvolle Frage: ‹Soll man sich voll Liebe den Mitmenschen hingeben, auch wenn man sich fremd fühlt und weiß, daß man anders denkt und fühlt?› Ich antworte uneingeschränkt mit Ja. Da du die Lehre von Christus studiert hast, weißt du, daß auch er mit Ja geantwortet hätte. Er war ein Außenseiter der Gesellschaft in seiner Zeit. Für ihn war die Liebe zu seinen Mitmenschen, gleichgültig, wer sie auch waren, kein Problem, er sagte: ‹Liebe deinen Nächsten wie dich selbst.› So einfach hat er das Problem gesehen.

Der andere ist immer ein Fremder, so bekannt er dir auch oberflächlich sein mag, er ist ein von dir getrenntes Wesen mit eigenen Wünschen, Hoffnungen und Vorstellungen wie du. Liebe ihn wie dich selbst, ein Außenseiter liebt den anderen Außenseiter, darauf läuft es hinaus. Ich sage dir, es ist gut, ein Außenseiter zu sein, du hast übrigens gar keine andere Wahl. Du mußt du selbst sein, und in diesem Moment bist du schon ein Außenseiter, denn so, wie du bist, ist niemand sonst. Jede Blume ist anders, keine Wolke gleicht der anderen, jede Katze ist unverwechselbar anders als andere Katzen.

Der unreife Mensch will alle gleichmachen. Jawohl, vor dem Gesetz sollen alle gleich sein, aber es ist lächerlich dumm, alle Menschen psychisch gleichmachen zu wollen. Gehe unter die Menschen, rede mit ihnen, jeder ist anders, sogar in dem Versuch, einem Rollenbild gleichen zu wollen. Liebe ihn auch in seiner Verirrung wie dich selbst, denn sogar die Verirrtheit ist etwas Schönes. Verirre dich ruhig, sei ein Außenseiter, ein Fremdling, der sich in der Welt verirrt, gehe durch die Welt wie durch ein Wunderland mit offenen, staunenden Augen, du bleibst bis zum Ende ein Fremdling in dieser Welt. Du kannst dich vor dieser Erkenntnis natürlich drücken, kannst Mitglied einer Gruppe werden und dich Rollenregeln anpassen, dann bleibst du doppelt fremd. Durch Rollenspiele entfremdest du dich von dir selbst, um dich gegenüber anderen Selbstentfremdern zu entfremden. Sei der, der du bist, und akzeptiere diese Fremdheit und liebe als Außenseiter die anderen Außenseiter. Alle Schuldgefühle sind jetzt verflogen, sie sind bedeutungslos geworden. Wenn ein Außenseiter will, daß du so ein Außenseiter sein sollst wie er, dann ist das eine spleenige Idee, über die du lachen solltest. Komm, Fremder, sei ein Fremder in meinem Sinne, füge dich meinen Regeln und befolge die Fremdheitsregeln gegenüber den anderen Fremden. Außenseiter, sei ein Insider bei den Außenseitern mit Namen X und verurteile die Außenseiter Y und so weiter und so fort, es nimmt kein Ende, es gibt Tausende Gruppen dieser Art, und täglich bilden sich neue. Jeder Außenseiter kann, wenn er darauf Wert legt, eine neue Gruppe bilden. Wenn Christus sagt: ‹Liebe deinen Nächsten wie dich selbst›, dann sagt er, alle sind Außenseiter, und jeder ist liebenswert wie du selbst, laß uns aufhören, so zu trennen. Sage: Ich liebe dich so, wie du bist – gerade, weil du so anders bist, das macht es interessant.

Auch deine Frau war liebenswert, obwohl und weil sie unreif war, das heißt nicht, daß die Scheidung falsch war, sie war für dich in diesem Moment deines Lebens richtig. Du brauchst keine Angst und Schuldgefühle mehr zu haben. Sei ein Außenseiter, es ist gut so. Nichts ist daran zu kritisieren. Kritisiere auch du die anderen Außenseiter jetzt nicht mehr.»

Antworten auf die häufigsten Fragen

In den vergangenen zwanzig Jahren habe ich über 8000 Briefe erhalten. Die Fragen waren sehr oft ähnlich, die häufigsten möchte ich an dieser Stelle beantworten.

Frage: «Ich habe noch einige Probleme, auf die Ihr Buch keine Antworten gibt. Kann ich mich einmal persönlich mit Ihnen darüber unterhalten?»

«Ich würde mich natürlich mit jedem Leser gerne unterhalten, es fehlt mir jedoch einfach die Zeit, neben der Praxistätigkeit, der Arbeit an neuen Buchplänen und der Malerei den verständlichen Wunsch nach einem persönlichen Gespräch zu erfüllen. Ich unterhalte mich gerne mit Lesern, aber ich überlasse das Gespräch dem Zufall, wenn es sich in einem Restaurant, in einer Buchhandlung oder im Café informell von selbst ergibt.»

Frage: «Wann und wo halten Sie Seminare ab?»

«Ich halte nie Seminare ab und halte auch keine Vorträge, auch in Zukunft ist das nicht geplant. Dazu fehlt mir leider die Zeit, außerdem halte ich das Schreiben von Büchern für sinnvoller und wirkungsvoller, als Vorträge zu halten. Beim Lesen gelangt man leichter in den Zustand der Meditation.»

Frage: «Ihre Erkenntnisse leuchten mir während des Lesens sehr ein, und ich halte sie für richtig. Aber ich frage mich, ob alles, was Sie schreiben, auch wissenschaftlich abgesichert ist.»

«Alles, was ich beschreibe, beruht auf Tatsachen, auf persönlichen und erforschten Erfahrungen. Ich bin allerdings kein Laborwissenschaftler, der empirische Untersuchungen anstellt und statistische Prozentwerte ausrechnet, ich sehe mich als einen Wissenschaftler, der Gesetzmäßigkeiten der Seele herausfindet und darstellt. Alles, was ich beschreibe, ist empirisch und statistisch jederzeit nachprüfbar, für jeden Experimentator, der eine praktikable Untersuchungsmethode anwendet.

Wenn es mir Freude machen würde, Experimentator im Sinne der Naturwissenschaften zu sein, hätte ich die Hochschullaufbahn eingeschlagen und mich z. B. auf die Neurosenforschung spezialisiert. Viel mehr aber interessiert mich die Erfassung der Gesamtzusammenhänge, also eine Philosophie psychischer Phänomene.»

Frage: «Sie schreiben sehr selten über Religionen. Ich bin Katholik, also gläubiger Christ. Was halten Sie als Seelenforscher vom Christentum?»

«Zwei Fragen sind zu beantworten. Zuerst möchte ich erklären, warum ich nicht über Religionen schreibe. Ich schätze jeden religiösen Menschen, der einfach nur ‹religiös› ist, ohne dogmatisch zu sein. Ich halte Jesus Christus für einen der großen Weisen der Menschheit, schätze aber nicht die Systematiker und Fanatiker, die durch Frömmelei mit Gott einen Handel versuchen. Ich sehe mich nicht als Religionspsychologen. Das möchte ich anderen überlassen, die sich intensiver damit beschäftigt haben.

Egal, welcher Religion ein Mensch angehört, die Hauptsache ist, er ist bereit, zuzuhören. Der Katholik ist mir genauso lieb wie der Evangelische, der Mohammedaner, der Hindu oder der Atheist.»

Frage: «Warum schreiben Sie auch ab und zu in Illustrierten und Massenblättern, z. B. auch psychologische Stellungnahmen zu aktuellen Problemen in der *Bild-Zeitung*. Wertet Sie das als Psychologen nicht irgendwie ab?»

«Nein, es wertet die *Bild-Zeitung* auf, weil sie bereit ist, ein Problem auch unter psychologischem Aspekt zu sehen. Warum soll ich nicht für auflagenhohe Zeitschriften schreiben? Was spricht dagegen? Psychologie ist doch nicht nur für einen kleinen elitären Kreis da, sondern für jedermann. Sie geht jeden an, egal in welcher Gesellschaftsschicht er lebt und welchen Bildungsgrad er besitzt. Psychologie hat allen etwas zu sagen, meine Erkenntnisse können nicht breit und oft genug diskutiert werden. Ich erhalte leider viel zuwenig Gelegenheit, mich in Massenblättern zu äußern, meine Thesen für mehr Lebensfreude, Individualität und Freiheit werden nicht ausführlich genug verbreitet. Ein Beispiel aus dem Jahre 1983: Jede Zeitschrift schrieb über die Depression von Prinz Claus. Aber nur sehr selten erhielt ich von einer Redaktion die Möglichkeit, zu beschreiben, wie es zu einer Depression kommt, die eine sehr verbreitete psychische Störung und Erkrankung ist, und wie man sie ohne Psychopharmaka durch Selbstentfaltung überwindet. Für dieses Thema sollte mir jedes Massenblatt vier Seiten geben, das wäre eine große Hilfe für viele und würde mich oder die Psychologie niemals abwerten. Ihre Frage zeigt, wie sehr Sie im elitären Denken gefangen sind. Das Medium ist neutral, dem Papier ist es gleichgültig, was auf ihm steht und wer es liest, aber Ihnen nicht. Sie werten die Leser auf oder ab. Ich hoffe, Sie sehen jetzt Ihr Geltungsstreben, Ihre Überheblichkeit, die die Frage verursacht hat.»

Frage: «Wie sind Sie zu Ihren Erkenntnissen gekommen?»

«Durch aufmerksame Beobachtungen, durch Sensitivität und Liebe zu den Menschen.»

Frage: «Leben Sie nach Ihrer Theorie? Wie halten Sie es mit der Liebe? Sind Sie wirklich frei?»

«Die Theorie eilt der Praxis voraus, mir ist oft zuerst theoretisch etwas klar, das kann dann in die Praxis umgesetzt werden. Ich halte es mit der Liebe so, wie ich es in meinem Buch ‹Die Liebe› beschrieben habe. Ich denke so, rede so und handle auch so. Am schwierigsten ist die dritte Frage zu beantworten, die nach meiner Freiheit fragt! Antworte ich ja, dann denken Sie möglicherweise: Sagen kann er viel. Antworte ich nein, dann denken Sie: Siehst du, er selbst ist auch nicht frei, und Sie verschließen sich den Erkenntnissen. Sie werden es nie genau wissen und müssen es deshalb glauben oder nicht glauben. Schauen Sie meine Zeichnungen an, vielleicht helfen die weiter, Ihre Frage zu beantworten.»

Frage: «Sehen Sie vielleicht vieles verzerrt aus der Sicht Ihrer psychologischen Beratungspraxis, in die nur gestörte Menschen mit allen nur denkbaren Schwierigkeiten kommen? Neigen Sie deshalb dazu, seelische Probleme überzubewerten und in andere hineinzuprojizieren?»

«Es ist richtig, daß ein psychisch völlig Gesunder keine Beratung braucht. Aber ich befinde mich ja nur etwa sechs Stunden am Tag in der Praxis, die übrige Zeit beobachte ich Menschen im normalen Alltag, auf der Straße, im Geschäft, Restaurant, auf dem Markt usw. Ich rede häufiger mit ‹Normalen› als mit Gestörten. Sobald die jedoch hören, daß ich Psychologe bin, suchen sie meinen Rat, indem sie versteckt oder offen auf ihre gegenwärtige Problematik zu sprechen kommen. Oft sind diejenigen, die keine Praxis aufsuchen, viel gestörter als die, welche den Mut aufbringen, sich beraten zu lassen.

Nun zum zweiten Teil Ihrer Frage. Ich neige nicht dazu, seelische Schwierigkeiten in andere hineinzuprojizieren. Wenn einer wirklich angstfrei ist, sehe ich keine verborgenen Ängste, wenn einer aber sehr freundlich und sanft daherkommt, beobachte ich genau, was er beabsichtigt, ob er nicht möglicherweise eine Aggression verbirgt. Wenn ich sehe, daß jemand einem anderen schmeichelt, erkenne ich, ob es nur geschieht, um ihn in Sicherheit zu wiegen. Wenn einer unbeholfen um Worte ringt, dann sehe ich an der Wortwahl und dem angedeuteten Gedanken, wie intelligent er wirklich ist. Wenn einer selbstsicher mit seinen Erfolgen prahlt, dann betrachte ich die Angst und Unsicherheit, die er damit vor sich selbst und anderen verbergen will. Um die Frage zusammenfassend zu beantworten: Ich projiziere in andere keine Konflikte und Probleme – berufsbedingt –, sondern suche zunächst immer die seelische Gesundheit, Freiheit und Gelassenheit, da ich sie zunächst voraussetzte. Diese Einstellung könnte viel eher das Bild verzerren, so daß ich deshalb z. B. dazu neige, die anderen eher optimistischer zu sehen – da ich die Mitmenschen liebe, ist meine Brille eher rosarot als grau gefärbt.»

Frage: «Warum kämpfen Sie nicht auf politischem Wege für eine bessere Welt mit besserer Erziehung, besseren Schulen und mehr Freiheit für den einzelnen. Das ist doch vor allem ein politisches Problem.»

«Sie sollten nicht alle Verantwortung den Politikern zuschieben und vor allem psychische Probleme nicht in den Zuständigkeitsbereich der Politiker verlagern. Zuallererst sind Sie selbst für die Entwicklung und Entfaltung Ihrer Psyche verantwortlich. Ich bin Psychologe und Philosoph, wenn man ein Etikett verwenden will, aber ganz sicher kein Politiker. Ich bin für eine bessere Welt, aber ich kämpfe nicht ‹politisch› dafür. Kampf fordert nur die Gegengewalt heraus, und das, was ich beenden will, nimmt kein Ende. Meine Bücher sind keine politischen Kampfschriften für eine bessere Welt oder ein gesünderes Leben. Ich kämpfe nicht und bin auch kein ‹Weltverbesserer›; dennoch ist das, was ich darstelle, (r)evolutionär. Die sozialistischen Staaten lehnen meine Bücher auf Grund ihrer ‹revolutionären Gedanken› rundweg ab. An der DDR-Grenze werden sie beschlagnahmt, bei Paketkontrollen werden sie entnommen. Ich bekomme viele Briefe von DDR-Bürgern, die auf abenteuerliche Weise versuchten, an meine Bücher zu gelangen. Ich habe schon mehrmals versucht, sie in der DDR offiziell in Verlagen erscheinen zu lassen; das ist unmöglich, da meine Bücher als ‹politisch› empfunden werden. Ich habe aber keinerlei politische Absichten, weder im Westen noch im Osten, ich bin weder westlich noch östlich orientiert. Mich interessiert der Mensch, unabhängig von seiner Hautfarbe oder Nationalität, in der Entfaltung seiner Psyche. Vor allem geht es mir nicht um einen Kampf. Wer aus Liebe zum Menschen handelt, kann nicht aus Liebe in einen Kampf ziehen wollen. Liebe und Aggression schließen sich gegenseitig aus. Ich kann doch nicht die Katze streicheln und sie gleichzeitig erwürgen.»

Frage: «Warum schreiben Sie eigentlich Bücher? Wollen Sie sich damit vielleicht einen Namen machen?»

«Das ist eine dumme und gleichzeitig leider häufige Frage. Ich schreibe Bücher, weil man Gedanken in Worten ausdrückt und eine größere Ansammlung von Sätzen eben ein Heft oder

Buch ergibt. Ich will mir keinen Namen machen, denn es ist gleichgültig, welcher Name auf dem Umschlag steht.

Sie fragen versteckt, ob ich berühmt werden will, trauen sich nur nicht, so offen zu sein. Ich habe nicht den Ehrgeiz, berühmt zu werden. Es geht nicht um meine Person, es geht darum, daß der Leser angeregt wird, sich weiterzuentwickeln, zu leben und zu blühen.»

7
Sternstunden der Lebensfreude

«Alle Wege sind offen
zum Horizont,
der Himmel ist hell
wie dein Haar
und meine Gedanken;
heute lebe ich leicht,
das machst du.
Und das Heidekraut
unter deinem hellen Haar,
die Sonne
auf deinem weißen Körper,
auf der Haut
weiße Blütenblätter.
Stimmen ziehen vorbei
wie Nebelbänke,
Gedankenfetzen,
die nicht Fuß fassen:
Jetzt lebe ich ja.
Meine Felder
sind sommergrün heute,
so hoch die Wolken,
so weit entfernt.»

WOLFGANG BITTNER

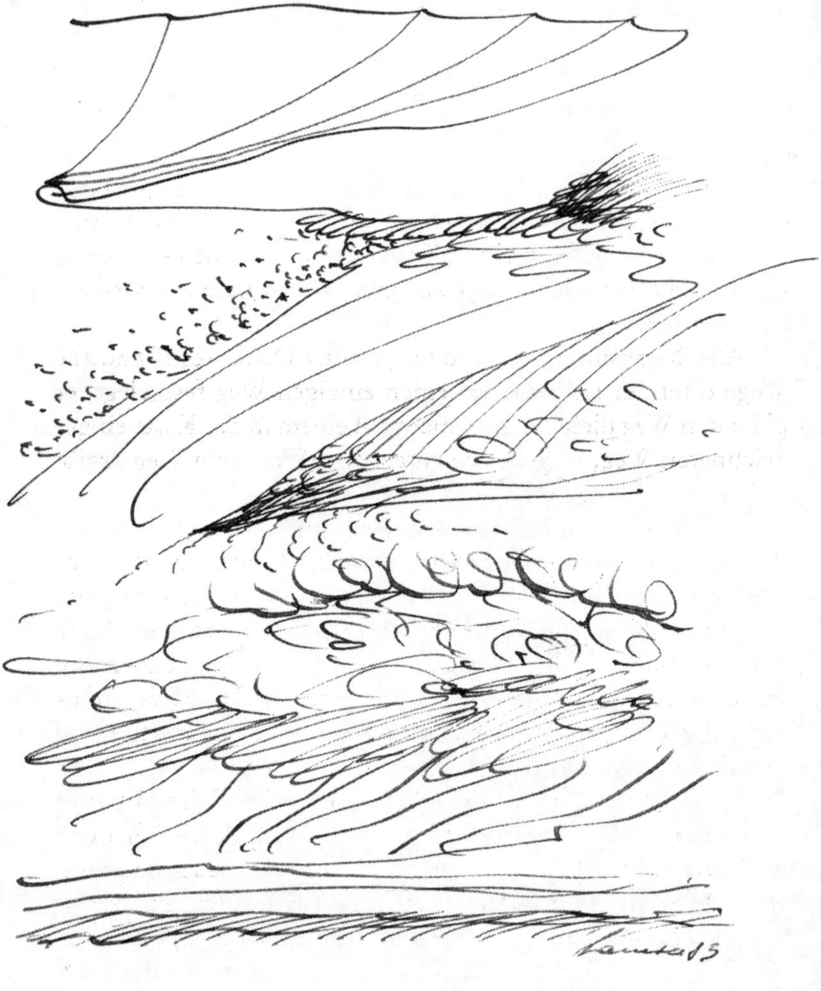

Ich möchte dieses Kapitel mit der Interpretation eines Gedichts von Wolfgang Bittner beginnen. Ich halte dieses Gedicht für eine Sternstunde der Poesie, und es kann für jeden Leser zu einer Sternstunde der Meditation werden.

«Alle Wege sind offen zum Horizont.» Dem Freien sind alle Wege offen, er ist nicht auf einen einzigen Weg festgelegt, er plant den Weg nicht, er geht nicht auf einem in der Karte eingezeichneten Weg, er geht seinen eigenen Weg, sein Weg ergibt sich in jedem Augenblick neu.

«Der Himmel ist hell wie dein Haar und meine Gedanken.» Alle Wege sind offen zum Horizont, alle Wege, und der Himmel ist hell. In diesem Moment nehmen die Sinne die Helligkeit des Himmels bis zum Horizont in höchster Frische auf. Auch die Gedanken sind hell und klar, sie drehen sich nicht grübelnd im Kreis, sie sind so hell wie der Himmel und dein Haar, nichts steht dazwischen. Die Gedanken werfen keine Schatten auf den Eindruck dieses Augenblicks.

«Heute lebe ich leicht, das machst du.» Wenn ich so bewußt und offen meiner eigenen Wege gehe, dann fühle ich mich leicht, denn nichts beschwert mich. Das macht die Liebe zu dir. Die Liebe bringt mich dem Augenblick nah, Liebe ist intensives Leben, sie ist totale Gegenwart, die Erinnerung schweigt, und Zukunft ist so fern wie der Horizont. Das Leben wird leicht, die Luft ist erfrischend, und die Gedanken sind so hell wie der Himmel. Sie werden mit den ziehenden Wolken und dem Horizont eins, sie sind nicht getrennt, sie führen nicht Regie, sie treten zurück und lassen dem lebendigen Augenblick den Vortritt.

«Und das Heidekraut unter deinem hellen Haar, die Sonne auf deinem weißen Körper, auf der Haut weiße Blütenblätter.» Das Denken kommt zur Ruhe, wenn das Heidekraut unter dem Haar hervorlugt, wenn auf der Haut weiße Blütenblätter in der hellen Sonne glänzen. Das ist eine Poesie der Ekstase. Ich denke nicht mehr über mich nach, alle Pläne lösen sich auf, wenn der Augenblick so reich ist. Ich gehe in diesem Schauen und sinnlichen Erfassen auf. Ich bin selbstvergessen, es geschieht etwas mit mir, das nicht aus dem Verstand kommt, auch nicht von außen stürmt es auf mich ein, Drinnen und Draußen verschmelzen, ich vergesse, wo ich bin. Mein Name spielt keine Rolle, auch nicht der Name der Blütenblätter auf deiner Haut. Das Denken kommt zur Ruhe, es wird still, wenn sich die Liebe in der Seele ausbreitet, dann ist nur ein fasziniertes Schauen, das mich davonweht. Ich vergesse Zeit und Raum.

«Stimmen ziehen vorbei wie Nebelbänke, Gedankenfetzen, die nicht Fuß fassen.» Stimmen sind Worte, die ziehen vorüber, ich höre sie zwar, aber sie dringen nicht ein, sie entwikkeln keine Bedeutung. «Ich habe dich gerufen», sagt die Mutter vorwurfsvoll. «Ich habe nichts gehört», sagt das spielende Kind, und die Mutter wird wütend, weil sie weiß, daß das Kind sie gehört haben mußte; sie glaubt deshalb, daß es böswillig lügt. Aber das Kind ist nicht böswillig, es war so versunken, es hörte den Klang der Stimme, aber die Bedeutung verwehte, denn es befand sich in Ekstase, in einem Rauschzustand ohne Alkohol oder Drogen.

In diesem Zustand befindet sich der Verliebte – und auch der Künstler, der in seine Arbeit vertieft ist.

Wenn ich male und meine Freunde sich vor dem offenen Kamin einige Meter weiter entfernt unterhalten, höre ich ihre Stimmen, aber sie ziehen vorbei «wie Nebelbänke, Gedankenfetzen, die nicht Fuß fassen» können. «Hast du nicht gehört, was wir über Manfred erzählt haben?» Nein, ich habe nur Stimmen gehört, aber Gedanken hatten keine Möglichkeit, in meinem Gehirn Fuß zu fassen.

«Jetzt lebe ich ja.» Nicht gestern oder morgen geschieht Gegenwart, es gibt nur eine Erlebensgegenwart und konkrete Realität, nämlich die eine einzige – jetzt. Jetzt male ich mein Bild, nicht morgen. «Du kannst das Bild doch morgen weitermalen», höre ich meine Freundin sagen. Morgen? In diesem Moment kann ich nicht an morgen denken. Morgen kann ich dieses Bild unmöglich weitermalen, morgen male ich ein anderes. «Jetzt lebe ich ja.»

Wenn ich mich verliebe, geschieht das in diesem Augenblick, in dem meine Sinne ganz aufgehen in dieser Hingebung an den Augenblick. «Du kannst mich ja morgen noch lieben», hat glücklicherweise noch keine Frau zu mir gesagt – aber vielleicht gedacht. Morgen ist alles anders. Die Liebe muß man feiern in diesem Augenblick, man kann sie nicht verschieben; ich kann das Leben nicht auf morgen verschieben, ohne es heute zu versäumen. Viele Menschen haben meist etwas anderes vor, Pläne schmieden, Geld verdienen, ein Haus bauen, eine Pflicht erfüllen, und sie lassen das gegenwärtige Erleben nicht zu, sie verschieben es auf morgen. Und morgen ruft wieder eine andere Pflicht, so verschieben sie es jeden Tag aufs neue.

«Meine Felder sind sommergrün heute.» Heute sind sie sommergrün, in einigen Wochen ist bereits Herbst, und die Blätter fallen. Alles hat seine Zeit. Dieser eine Augenblick, der jetzt präsent ist, kann nicht nachgeholt werden. Eine Rechenaufgabe kann auch morgen gelöst werden, das ist etwas Mechanisches, etwas Totes. Die Liebe zu diesem einen Menschen in dieser einen Situation, das Lebendige, kann nicht morgen nachgeholt werden. Das heißt nicht, daß man deshalb unter

Streß des Zeitdrucks leben soll. Man fühlt sich ja meist nicht unter Zeitdruck, wenn man eine Gelegenheit ausläßt; aber man sollte wissen, dieser eine Moment wiederholt sich nicht. Er ist unwiderruflich Vergangenheit, die Ekstase, die sich heute entzünden will, kann nicht an gleicher Stelle auf Befehl morgen entzündet werden. Morgen ist alles wieder anders, nichts sollte nachgeholt werden, sondern sich neu ereignen können, ohne Belastung von gestern.

«Meine Felder sind sommergrün heute, so hoch die Wolken, so weit entfernt.» Der Schluß des Gedichts ist wunderschön. Er führt den Blick zu den am Horizont ziehenden Wolken, die so nah und doch so weit entfernt sind, die sich ständig auflösen und immer wieder neu bilden, aber in jedem Moment anders, die Wolken sind ähnlich, aber keine ist wie die andere.

Inneres Alleinsein ist die Voraussetzung für Gelassenheit und Souveränität

Ich habe in meinen beiden letzten Büchern «Die Liebe» und «Lebenskunst» immer wieder darauf hingewiesen, wie wichtig es für die Entfaltung jedes Menschen ist, alleine sein zu können, ja, sein Alleinsein genießen zu können. Vor wenigen Tagen las ich von dem libanesischen Dichter Khalil Gibran eine poetische Hymne auf die Abgeschiedenheit und das Alleinsein, von beflügelnder Schönheit und Reinheit der Erkenntnis.

«Das Leben ist eine Insel in einem Ozean von Einsamkeit und Abgeschiedenheit. Das Leben ist eine Insel, Felsen sind seine Begierden, Bäume sind Träume und Blumen seine Verlorenheit, und es liegt in einem Ozean von Einsamkeit und Abgeschiedenheit.

Dein Leben, mein Freund, ist eine Insel, abgetrennt von all den anderen Inseln und Kontinenten. Wie viele Boote du auch zu anderen Küsten ausschickst, wie viele Schiffe auch an deiner Küste landen, du selbst bist eine Insel, mein Freund, abgetrennt durch deinen Schmerz, abgeschlossen durch dein Glück, weit abgelegen in deinem Mitleid und verborgen in deinen Geheimnissen und Rätseln.

Ich sah dich, mein Freund, auf deinem Berg aus Gold sitzen, glücklich in deinem Wohlstand, mächtig in deinem Reichtum und immer in dem Glauben, eine Handvoll Gold sei das geheime Verbindungsglied, das die Gedanken des Volkes mit deinen Gedanken verbindet und seine Gefühle mit den deinen.

Ich sah dich als machtvollen Eroberer ein Heer gegen eine Festung führen, sie zerstören und einnehmen. Und als ich näher hinsah, fand ich neben der Mauer deiner Schatzkammer ein in Einsamkeit und Abgeschiedenheit zitterndes Herz, so wie ein Durstiger in einem mit Gold und Juwelen besetzten Käfig zittert, doch er ist ohne Wasser.

Ich sah dich, mein Freund, auf einem Thron sitzen, umgeben von Männern, die deine Mildtätigkeit priesen, deine Gaben aufzählten, die auf dich schauten, als weilten sie in der Gegenwart eines Propheten, der ihre Seelen zu den Planeten und Sternen erhob. Ich sah, wie du sie anblicktest, Zufriedenheit und Stärke im Gesicht, ganz so, als wärest du für sie, was die Seele für den Körper ist.

Und als ich genauer hinschaute, sah ich dein abgesondertes Ich neben dem Thron stehen, ich sah es in seiner Abgeschiedenheit leiden, in seiner Einsamkeit zittern. Ich sah dieses Ich die Hände ausstrecken, als bettle es unsichtbare Geister an. Ich sah es über die Schultern der Leute schauen, mit einem auf den Horizont gerichteten Blick, in dem nichts zu lesen war als Einsamkeit und Abgeschiedenheit.

Ich sah dich, mein Freund, leidenschaftlich verliebt in eine schöne Frau; du bedecktest ihre Hände mit Küssen, und sie betrachtete dich mit Wohlwollen und Zuneigung in den Augen und dem sanften Hauch der Mutterschaft auf den Lippen; insgeheim sagte ich mir, diese Liebe hat seine Einsamkeit ausgelöscht und seiner Abgeschiedenheit ein Ende gesetzt, und er ist jetzt umfangen von der ewigen Seele, die jene liebevoll an sich zieht, die vorher getrennt waren durch Einsamkeit und Abgeschiedenheit.

Und als ich näher hinschaute, erblickte ich hinter deiner Seele eine zweite, eine einsame Seele, die wie ein Nebel war und vergeblich versuchte, eine Träne in der Hand jener Frau zu werden. Dein Leben, mein Freund, ist eine Wohnstatt, weit entfernt von allen anderen Wohnstätten und Nachbarn.

Die innere Seele ist eine Wohnstatt, weit entfernt von anderen nach dir genannten Wohnstätten. Ist diese Wohnung dunkel, so kannst du sie nicht mit der Lampe deines Nachbarn erhellen; wenn sie leer ist, kannst du sie nicht mit dem Reichtum deines Nachbarn füllen; läge sie inmitten einer Wüste, du könntest sie nicht in einen von fremder Hand angelegten Garten versetzen.

Deine innerste Seele, mein Freund, ist von Einsamkeit und Abgeschiedenheit umgeben. Wenn es diese Einsamkeit und Abgeschiedenheit nicht gäbe, wärst du nicht du und ich nicht ich. Wenn es diese Einsamkeit und Abgeschiedenheit nicht gäbe, so würde ich beim Klang deiner Stimme denken, ich spräche mit mir selbst, und wenn ich dein Antlitz sähe, würde ich glauben, ich schaute in einen Spiegel.»*

Gibran beginnt mit der für viele angsterregenden Feststellung: «Das Leben ist eine Insel in einem Ozean von Einsamkeit und Abgeschiedenheit». Für Einsamkeit kann man auch Alleinsein sagen. Diese Feststellung Gibrans beruht auf tiefer Einsicht, Weisheit und Wahrheit. Er zeigt vier Beispiele von Menschen, die begehrenswerte und erstrebenswerte Stellungen

* Das Khalil Gibran Lesebuch, Walter-Verlag, 1983.

in der Gesellschaft erreicht haben. Zuerst der Reiche, der hofft, daß Gold und Geld ihm eine gute Verbindung zu den Mitmenschen schaffen könnten. Aber das ist ein großer Trugschluß, denn meist weckt Reichtum den Neid der anderen, schafft so Distanz und fördert Argwohn und Aggressionen. Bewunderung des Reichtums weckt die Begierde, das gleiche zu erreichen.

Auch der bewunderte Eroberer, der eine Festung einnimmt und zerstört, schafft so nur eine größere Einsamkeit um sich, fordert neue Gewalt und Rache heraus, sein «Herz zittert in Abgeschiedenheit».

Auch der mächtigste König auf seinem Thron, von Schmeichlern und Bewunderern umgeben, bleibt ein einsamer Mensch, er kann sein Alleinsein nicht durch sein souveränes Thronen überwinden. Auf seinem Gipfel muß er die Isoliertheit sogar ganz besonders tief empfinden.

Verliebte mit Zärtlichkeit und Zuneigung im Herzen und in den Augen könnten einen Moment glauben machen, daß die Abgeschiedenheit des Individuums damit überwunden wäre. Aber als Gibran näher hinschaute, sah er die Einsamkeit auch der liebenden Seele, denn Liebe ist ein Gefühl, das aus subjektivem Empfangen von Eindrücken entsteht und sich im Geben ausdrückt. Selbst im Geben von Liebe besteht Einsamkeit, ja, gerade hier werde ich meiner Abgeschiedenheit ganz besonders bewußt. Deshalb sind Liebende gleichzeitig sowohl glücklich als auch melancholisch, weil sie einerseits das Gefühl der Liebe beschwingt, ihnen andererseits aber gleichzeitig die Distanz zum anderen bewußt wird. Sie lauern auf ein Signal, wiedergeliebt zu werden, und wollen die Liebe finden und in den Käfig einer «Beziehung» einsperren. Das ist natürlich nicht möglich, denn die Liebe ist frei. Ein anderer Mensch kann seelisch nicht in Besitz genommen werden. Jeder Versuch ist zum Scheitern verurteilt und läßt die erhoffte Liebe in sich zusammensinken wie Glut ohne den Sauerstoff der Freiheit.

Gibran hätte noch mehr Beispiele aufzählen können. Aber er

ist Poet und kein Wissenschaftler. Er hat besonders beliebte und bewunderte Methoden herausgegriffen, das Alleinsein zu überwinden, das Streben nach materiellem Besitz, das Streben nach Gewalt und Überlegenheit, das Streben nach absoluter Macht der Alleinherrschaft und das Streben nach der Liebe. Ich möchte noch einige andere psychische Tricks anführen, die das gleiche Ziel verfolgen:

Streben nach

- Wissen,
- Geselligkeit und Kommunikation,
- leitenden Funktionen aller Art,
- Entfaltung besonderer Fähigkeiten,
- sportlichen Hochleistungen,
- Berühmtheit,
- Anpassung,
- moralischem Lebenswandel.

Auch diese Erweiterung ist natürlich nicht vollständig; aber darauf kommt es gar nicht an. Gibran zieht die Schlußfolgerung: «Dein Leben, mein Freund, ist eine Wohnstatt, weit entfernt von allen anderen Wohnstätten und Nachbarn.» Jeder Mensch ist ein Individuum für sich, keiner ist vergleichbar mit dem anderen; jeder ist ein ganz eigenes Lebewesen, auf sich selbst gestellt, wie sein Nachbar auch. Jeder hat seine eigene seelisch-geistige Entfaltung in der Wohnstatt eines Körpers. Sogar die «innere Seele» ist eine einzigartige Wohnstatt von seelischen Inhalten. Ist deine Seele dunkel, dann kann sie der Nachbar mit seinem Licht nicht erhellen, er kann es nicht, selbst wenn er wollte. Und du kannst die leere Seele deines Nachbarn nicht mit deinem Reichtum anfüllen, wenn du es versuchst. Du kannst deinem Nachbarn nur etwas geben, wenn er es wirklich will, wenn er selbst danach verlangt. Du kannst ihm aus deinem blühenden Garten eine Rose geben, wenn er sie für seine Wüste gebrauchen kann, sonst wirft er sie achtlos weg. Gibran meint, es hat keinen Sinn, als Heilslehrer aufzutreten – nur ein neuer Trick –, um sich am Alleinsein vorbeizumogeln, indem man glaubt, dem anderen von der eigenen Erkenntnis unbedingt etwas aufdrängen zu wollen; denn wenn der andere nichts annimmt, ist man womöglich beleidigt. Ehrgeiziges Bekehrungsstreben ist sehr schädlich für die eigene Seele und die des anderen. Das heißt nicht, daß man nichts verschenken soll, nein, es heißt: Verschenke alles, was du hast, zu jeder Zeit, aber nicht mit der Absicht, daß die anderen das Geschenk wertschätzen sollen. Sei dankbar und glücklich, wenn es so ist, aber strebe nicht danach. Beschenke niemanden, um dich selbst dadurch weniger abgeschieden zu fühlen. Schenke aus Lust am Leben, aus überfließender Lebensfreude, ohne jegliches Kalkül, ohne eine Verbindung zu erwarten. Gib Liebe, ohne Gegenliebe zu erhoffen, akzeptiere die Andersartigkeit der anderen, ihr Beschäftigtsein mit anderen Problemen und Hoffnungen, sei kein Liebender, der in anderen Seelen Schuldgefühle durch seine Liebe erzeugt, gib deine Liebe hin, laß sie aus dir strömen – das ist Gelassenheit. Laß dich selbst strömen, und laß die anderen damit machen, was sie wollen. Wenn sie dein Strömen nicht wertschätzen können, sieh sie deswegen nicht geringer an. Ihre Zeit ist vielleicht nicht reif, ihre Augen sind möglicherweise nicht offen für deine Geschenke, na und?

Die Rose verströmt ihren Duft, auch wenn keine Prinzessin an ihr schnuppert und kein Poet ein Gedicht über den Duft schreibt. Gibran öffnet die Augen für eine ganz einfache Wahrheit: «Wenn es diese Einsamkeit und Abgeschiedenheit nicht gäbe, wärst du nicht du und ich nicht ich.» Es muß so sein, es ist ganz natürlich, es besteht kein Anlaß, daran etwas ändern zu wollen. Erst wenn man daran etwas ändern will, entstehen alle Probleme: Angst, Aggression, Machtansprüche, Geltungsstreben, Unterdrückung, Besitzgier, und wenn ich dann in dein Antlitz sähe, «würde ich glauben, ich schaute in einen Spiegel». Seelisches Leben ist eine herrliche Insel in einem

Ozean von Einsamkeit und Abgeschiedenheit. Jede Insel singt ihr eigenes Lied; keine Nachtigall singt wie ein Rotkehlchen. Alleinsein ist die Voraussetzung für Gelassenheit und Souveränität.

Träume sind keine Schäume; z. B. kann sich Erleuchtung im Traum ereignen

In den vergangenen Jahren habe ich mich intensiv mit der Erforschung der Tag- und Nachtträume beschäftigt. Ich habe einige hundert Träume analysiert und die Lebenssituation der Träumer untersucht. Ich komme zu dem Ergebnis, daß es keinen Traum gibt, der nichts bedeutet. Jeder Traum hat einen psychischen Hintergrund, der ihn verursacht, und deshalb einen ganz individuellen Sinn. Allerdings: Wer mit sich selbst zufrieden ist und sein Leben als glücklich empfindet, träumt weniger heftig, er träumt zwar, aber kann sich oft nicht an die Trauminhalte am anderen Tag erinnern.

Träume sind eine seelische Verarbeitung von Erlebnissen positiver und negativer Art, vor allem von erlebten Konflikten im Alltag. Sigmund Freud sprach deshalb von «Traumarbeit», er meinte damit die Problemlösungsarbeit des Tages, die während des Schlafs fortgesetzt wird und in den Träumen zum Ausdruck kommt. Dies widerspricht auch nicht den neuesten Erkenntnissen des Biochemikers und Nobelpreisträgers Francis Crick vom kalifornischen Salk-Institut, der feststellte, daß Träume biochemische Gehirntätigkeit sind im Sinne eines «nächtlichen Hausputzes», um das Gehirn von Unwichtigem zu befreien (durch Vergessen) und so wieder für Neues frei und aufnahmebereit zu machen. Sigmund Freud ist nach dieser neuesten «Traumtheorie» keineswegs widerlegt, wie viele Journalisten vorschnell folgerten, sondern sogar bestätigt.

Auch die abstrusesten und scheinbar abwegigsten Träume haben einen psychologischen Sinn. In den meisten Träumen geht es um sexuelle oder aggressive Gefühle. Das hat Freud sehr richtig gesehen, weil Sexualität und Aggression die großen Problemfelder jedes Menschen darstellen, die ihn in Spannung halten. Träume helfen dabei, Probleme zu lösen.

Von vielen Genies der Geistesgeschichte ist überliefert, daß sie im Schlaf bedeutende Einfälle hatten. Der Maler, Zeichner, Architekt und Konstrukteur Leonardo da Vinci z.B. notierte ständig seine Träume, um davon zu profitieren und zu lernen. Viele Dichter verwerteten Träume in ihren Werken, z.B. Shakespeare, Gottfried Keller, Rainer Maria Rilke und Franz Kafka. Aber auch nüchterne Naturforscher lauschten aufmerksam den Bedeutungen ihrer Traumwelt. So fand der deutsche Ägyptologe Brugsch die Entzifferung einer ägyptischen Inschrift, mit der er sich intensiv beschäftigte, im Traum. Und der Chemiker von Kekulé erkannte den Benzolring beim Aufwachen in Form von ineinanderverschlungenen Schlangen. Der berühmte deutsche Mathematiker Gauß fand sogar Lösungen seiner Rechenprobleme im Traum vorgezeichnet, weil sein Gehirn im Schlaf an den Aufgaben, die er sich stellte, weiterarbeitete.

Psychologisch gesehen ist das alles nichts Mysteriöses, sondern sehr verständlich, denn im Schlaf werden die Gedanken lockerer, es lösen sich die eingefahrenen Denkbahnen auf, und die Kombinationsfähigkeit wird dadurch bereichert – das Denken wird kreativer. Deshalb sind besonders kreative Menschen, vor allem Künstler «Traumtänzer», die nie ganz in der Realität leben, sondern immer zwischen Realität und Traumideen hin und her pendeln.

Jeder Künstler ist von Beruf Träumer, das muß so sein, denn sein Denken bewegt sich nicht allein in eingefahrenen, konventionellen Bahnen, sondern setzt die Alltagslogik außer Kraft.

Deshalb neigen auch viele Künstler dazu, Drogen und Alkohol anzuwenden, um auf diese Weise gezielt eine Lockerung der Logik zu erreichen und spielerischer (träumerischer) ihre Probleme anzugehen.

Ich erhielt 1983 von einer jungen Frau einen wunderschönen Traum zur Deutung zugeschickt, der offenbart, daß im Traum Erlebnisse und Erkenntnisse möglich sind, die in der Nüchternheit des Alltags oft leider nicht zum Zuge kommen. Weil dieser schöne Traum vieles über den Sinn des seelischen Lebens aussagt, möchte ich ihn zitieren und anschließend versuchen, ihn kurz zu interpretieren:

«Mit zwölf Jahren, nach dem Tode meiner Mutter, hatte ich ein Traumerlebnis, an das ich mich heute noch ab und zu erinnere. Ich ging durch einen fremden Raum, der entfernt an eine Kirche erinnerte, und stand plötzlich vor einer schmalen Treppe, die durch einen dämmerigen Gang aufwärts führte. Ohne zu zögern, stieg ich Stufe um Stufe empor. Es wurde schnell dunkler, bis ich kaum noch etwas sehen konnte. Auch wurde der Gang immer enger und niedriger. Schließlich verschwand die Treppe unter mir, doch ich ging ohne Angst auf Händen und Knien einen schmalen, sehr steilen Weg in der Dunkelheit aufwärts, in der Gewißheit, daß ich zu einem Ziel gelangen würde. Schließlich öffnete sich der Gang, und ich stand auf einer Schwelle, hinter mir Finsternis und vor mir ein heller ebener Untergrund in golden-rosigem Licht, ähnlich wie bei einem Sonnenaufgang. Über dieser hellen Ebene schwebte, sich langsam hin und her drehend, ein Wesen ohne äußeren Umriß, es schien ganz aus strahlendem Licht zu bestehen. Ich war überzeugt, vor Gott zu stehen. Das Lichtwesen sprach zu mir, ohne daß ich jedoch eine Stimme oder gar ein Wort hören konnte. Ich würde diesen Vorgang als eine Art Zuwendung auf Gedanken- und Gefühlsebene beschreiben. Den Sinn erfühlte ich und veränderte mich dabei. Es war, als würde eine furchtbare Angst von mir genommen, mein ganzes Leben, Vergangenheit, Zukunft, Sorgen, Ängste, Wünsche und Hoffnungen waren nicht mehr existent, einfach aufgelöst. Ich fühlte mich geborgen und von tiefstem Frieden erfüllt. Gleichzeitig spürte ich meinen Körper nicht mehr, ich schien selbst nur noch Gedanke zu sein. Es war ein vollkommener Glückszustand, wie man ihn im ganzen Leben nicht erreichen kann, so schien es mir. Nach einer kleinen Weile wurde mein Name gerufen; ich wollte auf das Lichtwesen vor mir zuschweben und mich mitten hinein begeben, doch ich kam nicht dazu, weil ich in diesem Moment erwachte.»

Jeder fragt sich mitunter: Wohin geht mein Weg, wer bin ich, wohin führt mein Leben? Am Ende steht der Tod, man verliert die Menschen, die man besonders lieb hat. Wie geht es weiter? Das Mädchen sah im Traum, daß es jenseits der Tagesprobleme und Kümmernisse ein strahlendes Licht gibt, abseits von allen Worten und alltäglichen Gegenständen. In diesem Moment der Erleuchtung wurde ihr eine Last genommen. «Sorgen, Ängste und Wünsche und Hoffnungen waren nicht mehr existent», sie lösten sich auf. Das Mädchen fühlte sich geborgen, spürte den Körper nicht mehr, ein «vollkommener Glückszustand» trat ein. So beschreiben die Weisen aller Völker und Kulturen den Zustand der «Erleuchtung».

Im Traum kann das Tor zur Glückseligkeit und tiefen Erkenntnis geöffnet werden. Es wurde dem Mädchen klar, daß hinter aller Finsternis, Angst, Sorge und Plackerei eine wunderbare Geborgenheit möglich ist, ein Leben in Freude, Glück und Gelassenheit, wenn man sich von den Alltagsproblemen löst, wenn man bereit ist, sich voll Vertrauen gegenüber dem Leben zu öffnen. Im Traum wurde erlebt, wonach Philosophen, Psychologen, Weise und religiöse Menschen suchen. Vielen Menschen bleibt dieses Erlebnis sowohl im Traum wie auch in der Realität versagt. Im Traum wurde erfahren, was im Alltag oft schwer zu finden ist, wonach aber die Menschen in allen Jahrhunderten suchten: Geborgenheit in der Erleuchtung.

Das Mädchen hat die Ewigkeit gesehen und den Sinn ihres Lebens in diesem großen Ganzen. Der Sinn ist Glück, nicht Unglück, ist Freude, nicht Trauer, ist Sinn, nicht Sorge, nicht einmal Hoffnung ist wichtig, einfach nur sich selbst verwirklichen, das ist der vollkommenste Glückszustand.

Ich schrieb der Frau: «Dieser Traum ist ein Diamant, Sie sollten ihn gut aufbewahren und immer wieder anschauen.»

Entfaltung der Sinne, damit das Herz aufgeht

Der Dichter Peter Handke hat in einem Interview zur Buchmesse 1983 einige Gedanken geäußert, die mich sehr berührt haben.

«Für mich war es als Kind eine Freude, mein Vergnügen im Freien zu suchen. Wenn der Wind wehte und im Wald was los war, dann waren wir voll da – einfach so unter dem Wipfel einer Fichte. Und jetzt hängen die Kinder – man kann es vielleicht nicht so allgemein sagen – an den Elektrodrähten, an Walkman, Video, Plattenspieler, Fernseher. Es ist schon recht. Eine gewisse Zeit soll dies auch haben im Kinderleben. Wenn aber die Zeit vergeht mit diesen Elektrodrähten, dann steigt in mir – auch immer wieder gegen meinen Willen, denn ich nehme mir vor, den kleinen Menschen Freiheiten zu lassen – eine ungeheure Wut empor. Ich mische mich dann ein, sage: ‹Jetzt hängst du da wie am Tropf an diesen Elektrodrähten, Kind, während draußen der Wind weht, die Sonne scheint oder es schneit.›»

Ich erinnerte mich an meine Kindheit in einer süddeutschen Kleinstadt in den Jahren 1946 bis 1950. Ich war immer im Freien, draußen erlebte ich die Seligkeit der Lebensfreude, im

Garten, am Fluß, das Haus diente nur als Schutz vor Regen und Sturm, und hier befand sich eben zwangsläufig die Schlafstätte. Wenn der Wind wehte – ich liebte den Wind – und im Herbstwald die Bucheckern von den Bäumen fielen, wenn die Hagebutten rot wurden, dann war ich mit meinen Sinnen voll da, dann gab es etwas zu riechen, zu sehen, zu schmecken und zu ertasten, dann saß ich unter einem Baum und lauschte dem Rascheln der Blätter im Wind, dann sah ich dem Flug der fallenden Blätter nach und roch an einem gepflückten Pilz. Damals gab es noch keine Fernsehapparate – und ich bin froh darüber. Womöglich wäre ich dann im Haus geblieben und hätte mir im Nachmittagsprogramm eine Sendung über giftige und ungiftige Pilze angesehen, das wäre bestimmt sehr «lehrreich» gewesen. Aber wäre ich von dem «Tropf» der Elektrodrähte wieder losgekommen, hätte es meine Streifzüge durch Wiesen und Wälder bereichert? Es genügte mir die Warnung der Mutter, im Wald keinen Pilz zu essen, da giftige Pilze den Tod bringen können. Ich war kein wissendes Kind, das vieles über die vielen Arten der Pilze wußte, sondern ein unwissendes Kind, das wenig über Pilzarten wußte, aber alle Pilze intensiv betrachtete und beschnupperte im Zusammenhang mit Wind, Vogelgezwitscher, Sonnenstrahlen, fallenden Blättern, modrigen Gerüchen, flüchtenden Rehen und kreisenden Bussarden. Ich war kein Videokind, sondern ein Kind, das alle Sinne öffnete, ich entfaltete Sensitivität und empfand große Glücksgefühle dabei, ohne das Wort «Glück» zu denken oder gar auszusprechen. Mein Kinderleben war ein offenes Sinnenleben, wie ich im nachhinein interpretiere.

Ich sammelte wenig Wissen, aber hatte ein offenes Herz. Das Leben strömte in mich hinein und floß durch mich hindurch. Ich hatte kein Bedürfnis nach Radio, Plattenspieler oder Fernseher. Wenn die Erlebnisse aus erster Hand sind, braucht man keine durch Medien vermittelten, vorgegaukelten Abbildungen der Welt. Ich bewegte mich in der Realität, der Sonnenuntergang geschah real, nicht auf der Mattscheibe, meine

Berührung mit den Lamellen des Pilzes war sinnlich, nicht mattscheibenabstrahiert. Aber ich verstehe: Den schillernden Illusionen der Mattscheibe kann man leicht erliegen, denn es ist alles so bequem; von Fachleuten ausgesucht und präsentiert. Man sieht so viele Pilze, wie ein einziger, von Kinderfüßen durchstreifbarer Wald nicht wachsen läßt, man bekommt keine kalten Füße und Hände, man wird nicht vom Regen durchnäßt und muß nicht nach Hause laufen. Auf der Mattscheibe sieht man fünfzig verschiedene Pilze in einer halben Stunde, und dabei sitzt man trocken und warm im Sessel. Ich verstehe, daß man bequem sitzen bleibt und danach einen Abenteuerfilm anschaut, so viel Aktion in einer Stunde, dazu braucht man draußen vielleicht ein halbes Jahr. Und dennoch hat Peter Handke so recht, wenn er verzweifelt und beschwörend zu seinem Kind sagt: «Jetzt hängst du da wie am Tropf an diesen Elektrodrähten, Kind, während draußen der Wind weht, die Sonne scheint oder es schneit.» Weil ich als Kind so glücklich war in der Natur, habe ich die Liebe zur Natur als sinnliche Erfahrung aus erster Hand entwickelt. Ich war kein Medienkind, sondern ein Naturkind.

Deshalb bin ich mit meiner ersten Liebe in der Tübinger Studentenzeit (1960 bis 1968) nicht in Discos oder Studentenkneipen gegangen, sondern hinaus in die Wiesen und Wälder, nicht ins Kino, um die ersten Küsse zu wechseln, sondern zum Waldrand, nicht in Fernsehräume, um die feuchtwarme Hand zu halten, sondern auf eine Wiese am Ufer des Neckars, nicht in eine Buchhandlung, um Liebesgedichte zu kaufen, sondern auf einen Nußbaum, um dort meine eigenen Gedichte zu schreiben, nicht, um sie zu veröffentlichen, sondern um sie ihr zu schicken und mich darüber zu freuen, daß sie sich darüber freuen wird.

Ich erinnere mich an einen wunderbaren Tag, an dem ich nachmittags im Uni-Atelier gemalt hatte. Ich hatte nicht die Natur abgemalt, sondern meine Seele aufs Papier fließen lassen. Ich öffnete mich, und dann floß direkt aus dem Herzen mit Farben ein Gewirr von Formen, spontan. Ich ließ herausfließen, was herausfließen wollte, ohne Korrektur nach irgendwelchen stilistischen Regeln. Gegen Abend traf ich sie am verabredeten Ort am Fluß. Wir wanderten einige Stunden durch die hügelige Landschaft, die Sonne ging langsam unter, und wir kletterten auf einen großen Heuberg, den die Bauern aufgetürmt hatten, wir gruben uns ein Nest und lagen stundenlang in sternklarer Nacht versunken im Bild der Sterne, in zärtlicher Berührung, umströmt vom wechselnden Wind, lauschend auf die Stimmen der Vögel, glücklich über die Kühle und unsere eigene Wärme. Wind kam auf, und es begann zu regnen. Wir vergruben uns im Heu und umschlangen uns atmend und küssend.

1983 machte ich einen Spaziergang an einem Bach im Bergischen Land bei Köln. Ich beobachtete eine Ameise und schrieb dieses Gedicht:

Die Ameise

Die kleine Ameise
hat einen Weg gefunden
mitten in die Strömung des Bachs.
Von der Sonne bestrahlt,
von glitzernden Wellen umspielt,
klettert sie im feuchten Geäst;
vom Leben,
vom lebendigen Tod,
von tödlicher
und berauschender Vitalität
umflossen.

Selbstfindung durch Loslösung von äußeren Widrigkeiten

Warum wird der eine psychisch gesund und glücklich und der andere krank und unglücklich? Diese Frage untersuchte in Dänemark Sarnoff Mednick, und er entdeckte einige Faktoren der Persönlichkeitsentwicklung in der Kindheit, wie trotz äußerer Widrigkeiten im Elternhaus sich seelische Stärke entwickelt.

- Materielle Gegebenheiten werden gleichgültig gesehen. In ärmlichen Verhältnissen spielt das Kind mit selbstgemachtem Spielzeug.
- Hohe Toleranz gegenüber körperlichem Schmerz und seelischen Belastungen. Andere Kinder werden eher als «empfindlich» eingeschätzt.
- Körperliche Gelöstheit und Freiheit von Muskelverspannungen. Auffallende Grazie der Bewegungen.
- Freundlichkeit und Zuversicht, dadurch schneller Kontakt zu Gleichaltrigen.
- Die Mentatlität der Erwachsenen wird gut verstanden, und die Erwachsenen können deshalb gut mit dem Kind umgehen.
- Ihrer Umwelt treten sie aufgeschlossen und aktiv entgegen. Sie zeigen Selbstvertrauen.
- Sie machen sich schon früh ihre eigenen Gedanken und plappern nicht nach, was sie von anderen hören. Sie zeigen also Eigenständigkeit und Kreativität.
- Sie passen sich nicht an Normen an, wenn sie ihnen falsch, unpassend oder ungerecht erscheinen. Sie versuchen nicht, sich «lieb Kind» zu machen.

Ich bin der Auffassung, daß Mednicks Forschungsergebnisse eine große Bedeutung haben. Sie sind für die Erziehung von

Kindern sehr wichtig, weil sie den Weg zur seelischen Gesundheit zeigen. Mednicks Forschungsansatz ist positiv orientiert und zeigt, daß auch «ungünstige» Verhältnisse im Elternhaus zur Gesundheit führen können. Widrigkeiten stärken die Entwicklung der seelischen Gesundheit, während eine zu konfliktfreie Kindheit («in Watte gepackt») die Ängstlichkeit und Anpassung fördert. Ich bin vor einigen Jahren einem psychisch sehr gesunden Menschen begegnet. Er erzählte mir, warum er sich selbst so gesund und seelisch souverän fühlte. Es handelt sich um kein Tonbandprotokoll, sondern um eine von mir nacherzählte Wiedergabe seiner Selbstanalyse.

Manfred T. (42), Köln,
selbständiger Unternehmer:

«Ich bin 1941 in einer deutschen Großstadt geboren. Mein Vater war im Dritten Reich ein erfolgreicher Verwaltungsmann, meine Mutter war Hausfrau. Ich bin ein Einzelkind. Der äußere Rahmen, die Wohnverhältnisse usw. waren in den ersten Jahren intakt, aber es war Krieg. Nachts wurden die Fenster verdunkelt wegen der Fliegerangriffe, tagsüber und abends wurden die Reden der Nazigrößen mit Spannung verfolgt. Es herrschte eine Atmosphäre des Wechsels zwischen Hoffnung und Angst im Elternhaus. Kriegszeit ist immer auch Notzeit und Angstzeit, das hat sich mir eingeprägt: Das Leben ist nicht einfach, nichts ist sicher und selbstverständlich, deshalb war ich glücklich über jedes Glück, über jedes Geschenk, ich konnte mich intensiv und tief innerlich mit dem Herzen und Bauch freuen.

Aber ich hatte keine Gier nach Freude oder Lustgefühlen. Ich erlebte die Angst der Erwachsenen im Bunker bei den Bombardierungen. Wir wurden glücklicherweise nicht ausgebombt, aber viele Nachbarn. Ich sah, daß alles Materielle relativ ist, nichts hat Bestand, kein Haus, kein Auto, kein Spielzeug, keine Freundschaft, alles ist ein Geschenk, du bist nur Gast auf dieser Welt.

Im Frühjahr 1945 ging der Krieg zu Ende. Mein Vater verließ die Familie, meine Mutter ließ die Wohnung zurück und floh mit mir und einem Koffer aufs Land, sie verdiente den Lebensunterhalt bei den Bauern durch Näharbeiten. Wir fanden einen Ort, wo wir in ärmlichen Verhältnissen leben konnten und toleriert wurden. Ich erlebte im Alter zwischen fünf und zehn Jahren, daß man sich an nichts klammern kann, daß einem außer einem selbst nichts wirklich gehört auf dieser Welt. Ich ging in die Grundschule und wurde mit Ordnung und Disziplin der Intelligenzausbildung konfrontiert. Ich spürte, daß die Methoden der Lehrer lächerlich waren. In diesem Augenblick war ich für jede Art von Anpassung verloren. Du konntest mich nicht mehr zur ungeprüften Anpassung an Normen zwingen, das kam nicht aus dem Kopf, es war in meinem Herzen und Bauch; nichts hat Bestand, keine Regel, keine Moral, keine Norm, alles ist nur willkürlich von den anderen gesetzt, es hat eigentlich gar nichts mit mir selbst zu tun. In diesem Augenblick hatte ich Abstand und sah mich und die anderen mit meinen eigenen Augen, ich erlebte meine Individualität.

Da es in der Nachkriegszeit zwischen 1945 und 1950 kaum Spielzeuge gab, erfand und bastelte ich meine eigenen Spielsachen, ich träumte von vielen, vielen Möglichkeiten und widmete mich dem, was ich vorfand, Holz, Ästen, Steinen Zigarrenkisten, Papier, Zigarettenschachteln, Farben, Zeitungen, das genügte mir. Ich konnte mich intensiv mit meinen Spielkameraden beschäftigen, ich liebte die Tiere, beobachtete sie und träumte mich in ihr Leben hinein. Ein Jahr lang war ich ein Eichhörnchen, das auf den Bäumen lebte, ich baute mir mein Nest am Fluß und war glücklich, ein Eichhörnchen zu sein. Fernsehen gab es natürlich noch nicht.

In den fünfziger Jahren ging ich aufs Gymnasium und wurde mit ‹deutscher Bildung› konfrontiert. Ich fühlte Abstand zu dem Wissensstoff, der mir vermittelt wurde. Kein Lehrer konnte mich einfangen, ich war völlig respektlos und entwikkelte zu allem meine eigenen Gedanken. Ich beobachtete, daß ich die Erwachsenen mit meinem selbständigen Denken verblüffte und oft keine Anerkennung, sondern eher Skepsis auslöste. Die Erwachsenen wurden immer angespannter, sie jagten in den ‹Fünzigern› dem Erfolg der Wirtschaftswunderjahre hinterher, den materiellen Werten, ich konnte das nicht so richtig ernst nehmen. Ich lächelte über die Erwachsenen, ich erinnere mich, daß ich mich ihnen mit zehn Jahren richtiggehend überlegen fühlte.

In der Zeit der letzten drei Jahre zum Abitur begann ich zu malen, zu fotografieren, Gedichte zu schreiben und zu musizieren, die Eltern sagten: ‹Er weiß nicht, was er will.› Sie werteten meine Aktivitäten als unwirtschaftlich, träumerisch und lebensfremd ab. Ich aber fühlte mich dem Leben viel näher als sie, ich konnte mich nicht mit ihren Werten identifizieren und erzählte ihnen deshalb von meinen Werten. Sie reagierten verständnislos, verkrampft, abwehrend und auch aggressiv: ‹Der Junge kann sich nicht einfügen – was soll bloß aus ihm werden?!› Sie lehnten mich oft ab, aber sie nahmen mich dennoch ernst. Sie bewunderten insgeheim meinen Mut zur Eigenständigkeit.

Nach einem durchschnittlichen Abitur studierte ich und mußte auf der Uni über die Professoren und meine beflissenen Mitstudenten lächeln. Ich konnte mein Studium und das Berufsleben einfach nicht ernst nehmen. Ich fühlte mich davon losgelöst, ich war nicht pessimistisch, sondern sehr heiter und fröhlich. Die Angst der anderen vor einem möglichen Versagen im Beruf sprang nicht auf mich über, ich konnte einfach keine Angst haben, da ich mich nicht anpaßte. Je weniger ich innerlich angepaßt war, desto angstfreier fühlte ich mich.

Ich verliebte mich in eine Studentin und sie sich glücklicherweise auch in mich. Ich liebte sie sehr, aber konnte mich nicht ihren Vorstellungen von Familie, Ehe und Karrierestreben anschließen. Ich habe mich deshalb unter großen seelischen Schmerzen von ihr getrennt, um frei zu bleiben. Sie hat mich zwar verstanden, ist aber doch dem Sog der Anpassung an die

Vorstellungen und Wünsche ihrer Familie erlegen, obwohl sie mir ‹rein theoretisch› immer recht gab.

Nach dem Studium war ich ein Jahr angestellt. Das ging natürlich schief, und ich habe mich dann folgerichtig selbständig gemacht. Ich fing finanziell ganz armselig an, aber ich hatte Jahr um Jahr mehr Erfolg, weil ich kreativer war als andere, weil ich neue Wege gehen konnte, ohne mich dabei zu ängstigen; der Erfolg kam deshalb automatisch, weil ich den Erfolg nicht herbeizwingen wollte, ich war gelassen, ich hatte Abstand.

Ich habe mich nie angepaßt, ich fühle mich stets im Widerstand, ohne widerborstig zu sein. Ich fühle mich nicht einsam, wenn ich im Alleingang etwas erledige. Ich fühle mich ganz nahe bei mir, das ist meine Geborgenheit und Sicherheit, ich suche sie niemals außerhalb von mir, z. B. in der Anerkennung der anderen oder durch materiellen Erfolg als eine Bestätigung meiner Person. Ich bin unabhängig – und deshalb glücklich, mutig, erwartungsfroh, autonom und souverän. Ich gehe auf alle Schwierigkeiten unbefangen zu, ich denke immer: Für mich gibt es keine verschlossene Tür. Ich klopfe immer wieder, und eines Tages öffnet sie sich, das ist doch ganz natürlich. Ich bin reif für das Glück, und deshalb stellt es sich überall ein.»

Nach Manfreds Schilderung habe ich das folgende Gedicht geschrieben:

Jahrhundertfragen

Seit hundert und mehr Jahren
die gleichen Fragen.
Warum lebe ich?
Was ist Liebe?
Wer bin ich?
Wem gehört alles?
Was ist der Sinn?
Du lebst und atmest,

weil das dein Sinn ist.
Du liebst und leidest,
weil das das Leben ist.
Das alles gehört zu allem.
In allem bist du allein,
du gehörst niemand.
Suche keinen Platz außer dir,
wo du bist,
ist die Antwort.

Seelische Stärke ist Souveränität, sie hat nichts mit Aggression zu tun

Die meisten Menschen schwanken zwischen braver Anpassung an die vorgegebenen Normen der Gesellschaft und Zeit, um das «Richtige» zu tun, und der aggressiven Durchsetzung der eigenen Vorstellung gegenüber den anderen. Diese Anpassung macht aggressiv, weil unerfüllte Selbstentfaltung die schmorende Angst erzeugt, sich selbst und das Leben zu verfehlen. Scheinbar angepaßtes Wohlverhalten innerhalb der Schranken vorgegebener Normen gebiert das, was durch sie eigentlich verhindert werden soll – statt daß der Angepaßte sich geborgen und ruhig fühlt, wird er unruhig, ängstlich und aggressiv.

Die Aggression ist kein Trieb, wie Sigmund Freud annahm, sondern ein Signal für ein verfehltes Leben, das um Selbstfindung ringt. Deshalb: Nicht der angepaßte Mensch ist friedfertig, sondern der freie, losgelöste Mensch. In der Gelöstheit liegt die seelische Geborgenheit, nicht in der Gebundenheit, in der Offenheit und Unsicherheit, nicht in künstlich erzeugter Sicherheit.

Immer wieder wird mir variationsreich die eine Frage gestellt, besonders häufig in letzter Zeit: «Ist der Mensch im Grunde ein aggressives oder ein friedfertiges Lebewesen? Ist er zur Aggression auf Grund seiner geistig-seelischen Erbanlagen verdammt, ist er das gefährlichste Lebewesen der Erde, oder ist er friedliebend und friedensfähig, gehören Zerstörung und Krieg zu seiner Natur, oder handelt es sich ‹nur› um Phänomene einer seelischen Gestörtheit? Ist ein seelisch gesunder Mensch aggressionsfrei und liebevoll, oder ist die Aggression etwas, was zum Menschen so oder so gehört; ist der Mensch deshalb möglicherweise ein Irrtum der Evolution?»

Die Beantwortung dieser Fragen – im Grunde handelt es sich um eine einzige Frage – hat mit dem Thema «Gelassenheit und Souveränität» viel zu tun. Der Mensch ist ein friedliebendes Lebewesen, er ist nicht zur Aggressionsentfaltung auf Grund einprogrammierter Aggressionsfaktoren schicksalhaft verdammt, er ist friedensfähig und nicht zwanghaft dazu verurteilt, kriegerisch und destruktiv zu sein. Ein seelisch gesunder Mensch ist aggressionsfrei, liebesfähig und liebevoll; der Mensch ist in seiner *gesunden* Natur kein Irrtum der Evolution. Allerdings zeigt sich täglich, wie jeder beobachten kann, die Zerstörungswut und Aggression im Alltag, die Menschen gehen meist nicht liebevoll, sondern eher kämpferisch, egozentrisch durchsetzungsbetont, versteckt oder offen aggressiv und destruktiv miteinander um. Hinter der Maske des mitfühlenden, angepaßten Bürgers verbirgt sich sehr oft eine Menge Zynismus, Sadismus, Destruktion und Boshaftigkeit; aber nicht, weil er diese Boshaftigkeit in seinem Erbprogramm mitschleppen würde; er ist nicht als boshaftes Wesen geboren, das zwangsläufig diese Boshaftigkeit ausdrücken *muß*, sondern wurde erst im Laufe seiner Ausreifung von der Kindheit über die Jugendzeit bis zum Erwachsenenalter boshaft. Das ist sehr wichtig zu sehen, denn es besagt, daß wir der fremden und eigenen Aggression nicht machtlos ausgeliefert sind, sondern dagegen etwas tun können, z. B. durch eine bedachtsame Erziehung der Kinder zur Losgelöstheit und Selbstentfaltung.

Diese vier üblichen A gehören zusammen: *A*npassung, *A*nspannung, *A*ngst und *A*ggression. Nur wenn einem Menschen das Gegenteil widerfährt, wird er frei und liebesfähig, also:

- Selbstverwirklichung statt Anpassung,
- Gelöstheit statt Anpassung,
- Freiheit statt Angst und
- Liebe statt Aggression.

Dann haben Zerstörung, Bosheit, Kampf und Aggression keinen Raum in der Seele – aber nur dann. Dann ist Friede möglich, und Aggression, Sadismus und Destruktion treten nicht auf.

Im «Friedensevangelium der Essener» sagt Jesus Christus zu seinen Zuhörern: «Sucht den Engel des Friedens in allem, was lebt, in allem, was ihr tut, in jedem Wort, das ihr sprecht. Denn Frieden ist der Schlüssel zu allem Wissen, zu jedem Geheimnis, zu allem Leben.» Das ist die elementare Botschaft des Christentums, Verwirklichung von Liebe und Friedfertigkeit.

Entfaltung von Liebe und Frieden ist möglich, jeder Mensch ist dazu fähig. Die Realität des Alltags zeigt uns aber meist einen anderen, den häßlichen Menschen. Die Worte Jesu blieben ein Ideal, eine «schöne Utopie» – die Realität kapituliert vor dem Ideal.

Ein aggressiver Mensch kann sich zwar vornehmen, friedfertig zu sein, aber er schafft es nicht, es bleibt für ihn Utopie. Sicher haben Sie schon einmal versucht, einen aggressiven Menschen zu beschwichtigen, meist steigert er sich dann aber nur um so mehr in seine Aggression hinein, denn sie will sich ausdrücken. Wir wissen: Mit Selbstbeherrschung allein nimmt die Aggression nicht ab, sie wird höchstens verdrängt. Wenn der aggressive Mensch seine Wut offen und ehrlich ausgedrückt hat, tut es ihm hinterher meist schrecklich leid, er wird kleinlaut, reumütig und kehrt schuldbewußt in die Rolle der Anpassung zurück. Viele meinen, das sei gut so, aber gerade das ist falsch. Jede Aggression ist ein Signal, ein Ausdruck für ein Leiden unter einer unerträglichen Anpassung, deshalb ist Aggression unter psychologischem Aspekt ein prinzipiell positiv zu wertender Ausdruck, und die rasche Rückkehr in die Anpassung sollte nicht begrüßt werden. Ich sage: Werde dir jeder deiner Aggressionen total bewußt, betrachte sie und zwinge dich nicht «vernünftig» zu einer aufgesetzten Friedfertigkeit. Frieden ist der Schlüssel zum glücklichen und gesunden Leben, das ist richtig. Um aber dahin zu gelangen, müssen wir uns unserer Wut bewußt werden, denn sie entsteht nie grundlos aus dem Nichts, sie hat immer Ursachen. Erst wenn diese subjektiven Ursachen erkannt werden, wird Frieden möglich.

Viele Angst- und Aggressionsursachen lassen sich nicht mit dem Willen oder der Vernunft beseitigen. Ein Kind, das von einem alkoholabhängigen Vater oft geschlagen wird, kann die Ursache (den Vater) nicht aus eigener Kraft heraus ändern. Eine Frau, die von ihrem Ehemann lieblos zur Sexualität genötigt wird, kann das Verhalten des Ehemanns nicht aus eigener Kraft und mit guten Worten ändern. Ein von seiner Frau und vom Chef schikanierter und zynisch gereizter Mann, der drei Kinder hat, kann die wirtschaftliche Zwangslage, in der er sich befindet, nicht ungeschehen machen. Die drei Kinder sind eine Tatsache, und er kann berufsbedingt nicht von heute auf morgen die Firma wechseln. Alle an die Menschlichkeit, Liebe und Einsicht appellierenden Worte haben oft keinen Sinn. Und je intensiver man versucht, die anderen zum Umdenken oder zu einer Verhaltensänderung zu bewegen, um so stärker tritt oft das unerwünschte Verhalten als Trotzreaktion hervor: Widerstand provoziert die Gegengewalt, und die Situation verschlimmert sich.

«Sucht den Engel des Friedens in allem, was lebt, in allem, was ihr tut, in jedem Wort, das ihr sprecht», sagt Jesus. Unter diesem Blickwinkel wird die Bedeutung seiner Worte ganz deutlich. Erlebt die Wut, durchlebt sie voll und total, damit die Loslösung erfolgen kann. Die Wut ist meine Wut, sie ist meine persönliche Aggression, erst wenn ich gelöst bin, kann ich den Engel des Friedens in *allem*, was lebt, suchen und finden. Erst muß ich mich völlig lösen, das ist die einzig sinnvolle Form von Widerstand. Durch die Loslösung von allem Äußeren bin ich nicht mehr eingefügt und angepaßt, sondern stehe außerhalb der Einflüsse. Sie können mir nichts mehr anhaben, und der Engel des Friedens wird sichtbar in jedem Wort, das ich spreche. Das ist die höchste Stufe der Weisheit und Lebensfreude. Freiheit und Liebe fließen ineinander, das Leben bekommt einen vitalen Glanz, noch im tiefsten Elend breitet sich dieser Glanz aus. Der Kampf ist aus. Das Leben wird tief und weit, Grenzen sind nur außerhalb, nicht mehr innerhalb der Seele. Alle Türen und Fenster der Sinne sind offen, und das Leben kann unbehindert hindurchströmen.

Sei einfach du selbst – Brief an einen alten neuen Freund

«Mein lieber Freund,
wir sind 1959 gemeinsam an Herbsttagen zur Schule gegangen und durch das braune, duftende Laub geschlurft. Du hast von Deinen ersten Gefühlen für Elvira erzählt und mir Deine Sorgen vor der kalten Berufswelt der Erwachsenen offenbart. Ich erzählte Dir etwas über meine Gedichte, die ich nachts in meiner Dachkammer schrieb, Du hast nicht darüber gelacht, sondern mir zugehört, keine Assoziation lenkte Dich ab, ich war Dir damals sehr dankbar dafür, ohne es mit Worten auszudrücken.

Du warst so mutig, voller Hoffnung, Optimismus und Vitalität – das gab mir Kraft. Ich konnte mit Dir laut und hemmungslos lachen, unser Gelächter scholl durch den Wald, es steigerte sich ekstatisch, und ich konnte in Deiner Gegenwart tanzen, springen und die Bäume umarmen, dafür danke ich Dir und habe Dich geliebt, ohne das Wort ‹Liebe› damals zu benutzen oder auch nur zu denken. Unsere Wege haben sich viele Jahre durch die Ausbildungszeit, den Beruf und unsere Partnerschaften getrennt, wir waren beide verheiratet und sind heute geschieden.

Vor einigen Wochen hast Du mich besucht, und wir sprachen bis morgens um vier über Dich und mich und den Sinn unseres Lebens. Du hast nicht mehr so unbeschwert gelacht und hattest keinen Sinn für meine Gedichte, darüber war ich etwas traurig – obwohl ich wußte, daß Du Deine Last bei mir ablegen wolltest. Du erzähltest mir von Deinen Konflikten und Deiner Krise, Deine Partnerin ‹betrog› Dich ‹sexuell›, und Du konntest und wolltest das nicht verstehen. Du wolltest wissen, warum sie Dich nicht so intensiv liebt, wie Du sie liebst. Du warst nicht gelassen, sondern sehr aufgeregt, ängstlich, aggressiv und angespannt. Ich sollte Dir erklären, was der Sinn Deines Lebens sei, warum alles so schwer ist, warum Liebe so sehr mißachtet werden kann, warum Sexualität mit den Jahren an Reiz verliert, wie man die kreisenden Gedanken und das Grübeln unterbrechen kann, wie man auf die bitterbösen Bemerkungen der Mitmenschen reagieren soll. Viele Fragen quälten Dich, du warst so unsicher und dabei sehr verschlossen, gefangen in Deinen Problemen – voll Verbitterung. Du hattest Dich verändert, Deine Augen waren glanzlos, Dein Lächeln gezwungen und Dein Lob nur höflich.

Ich danke Dir, daß Du so viel Vertrauen hattest, in dieser Verfassung so ehrlich zu mir zu kommen, nach diesen vielen Jahren. ‹Was habe ich falsch gemacht?› Diese Frage stelltest Du Dir und mir sehr oft. Du hast nichts falsch gemacht, aber Du warst mit dieser Antwort nicht zufrieden. Heute habe ich den Satz von Manfred Hausmann gelesen: ‹Wo kein Weg mehr ist, ist des Wegs Beginn.› Du bist in Deinem Leben an einem Punkt angekommen, wo kein vorgezeichneter Weg mehr sichtbar ist, Du hast viele Grenzen überschritten, Du malst Bilder, die keiner ausstellen will, du komponierst Melodien, die keiner spielen will, Du liebst eine Frau, die Deine Liebe nicht benötigt, Du suchst Gespräche, die keiner mit Dir führen will, Du möchtest all die Werte verlassen, an die sich andere so klammern, Du suchst einen Gott, den keiner kennt, suchst eine Sexualität, von der keiner spricht, siehst Tautropfen im Geäst, die niemand beachtet, hast so viele Ideen, die als ‹Ideale› und ‹Utopien› belächelt werden.

Du bist sehr weit gegangen, mein Freund, aber nicht ‹zu weit›, wie Du voll Zweifel befürchtest. So ist es richtig, Du bist so weit gegangen, zum Ende des Regenbogens, ans Ende aller Pfade, wo kein Wegweiser mehr steht. Jetzt endlich bist Du am Ziel angekommen, wo *Dein* Weg beginnt. Ich freue mich für Dich, ich bin glücklich, wenn ich jetzt an Dich denke, ich bin stolz auf Dich, daß ich Dich kenne, daß ich weiß, daß Du an dieser Stelle stehst.

Jetzt beginnt Dein Leben, Du gehst in Neuland, Du gehst Deinen eigenen Weg. Ich rufe Dir zu: Sei einfach Du selbst. Frage niemand, was er für richtig oder falsch hält, gehe jetzt hinein in die weglose Landschaft der Gegenwart, mit Deinen eigenen Augen, mein Freund, das sind die wichtigsten Augen der Welt, niemand anderes kann Dir dieses Sehen abnehmen oder für Dich sehen, riechen und schmecken. Es kann Dir einer etwas vordenken, aber das hilft Dir jetzt nicht mehr weiter. Du bist doch kein Imitator, kein angepaßter Mitschwimmer, Du bist Du selbst, ein ganz einzigartiges Lebewesen im Kosmos, und gehst deshalb Deinen ganz einzigartigen, unverwechselbaren Weg durch diese Zeit.

Sei einfach nur Du selbst, nichts anderes; schiele nicht mehr nach den Vorbildern unserer Jugendzeit, lege sie nur beiseite, Du sollst nicht gegen sie kämpfen, stelle sie ins Regal, betrachte sie neutral, sie sind überholt, man kann mit ihnen tanzen und wieder einmal die Bäume umarmen. Am Ende der pfadlosen

Landschaft ist der Beginn Deines Weges. Hier bist Du angekommen, und ich freue mich für Dich. Geh nicht zurück, schau nicht auf mich, nicht auf Deine Eltern, und schiele nicht mehr nach Deiner geschiedenen Frau. Jeder lebt sein eigenes Leben, keiner kann für einen anderen leben, das weißt Du. Geh jetzt vorwärts, mein lieber Freund, du hast alles hinter Dir gelassen, jede Liebe, die jetzt kommt, ist so wunderschön neu, jeder Gedanke ist Dein eigener Gedanke, jedes Gefühl echt und frei. Du bist an dem Punkt angelangt, wo Du leben und lieben kannst, einfach nur Du selbst sein. Ich freue mich, daß ich Dir an diesem Punkt wieder begegnet bin, an dem Dein Alleinsein sichtbar wurde, Deine Getrenntheit von mir und allen anderen.

Flüchte nicht zurück in eine Scheingeborgenheit der Anpassung. Laß Dich von dem Wind, der jetzt aufkommt, erfassen und davontragen. Ich liebe Dich und betrachte Deinen Flug mit Freude. Sei Du selbst, und es ist richtig, was Du tust. Du kannst nichts falsch machen, wenn Du Du selbst bist, dann bist Du herrlich schöpferisch, dann beginnt für Dich jetzt nach langem Wachstum die Zeit der Blüte. Du fühlst die Schmerzen, bevor die Blüte sich öffnet. Die Blüte hat Angst, sich Wind und Regen zu öffnen, aber schließlich kommt ein warmer Sonnentag, und sie öffnet sich doch und entfaltet ihre einzigartige, zarte, zerstörbare Kraft und Pracht. Ich bin gespannt auf Deine Blüte und das Verströmen Deines Duftes. Die Zeit ist gekommen, in der Dein Blühen beginnt. Und bedenke, das Blühen eines Menschen ist nicht von kurzer Dauer, denn Du bist nicht an die Gesetze der Pflanzen gebunden. Du kannst noch viele Jahrzehnte täglich neu blühen, denn Deine Knospen wachsen stündlich nach. Schau aber nie mehr zurück auf die Zeit Deines Wachstums, laß Deine Vitalität in den Augenblick strömen, laß jetzt alles Vergangene los, dann wirst Du leicht und frei, offen und gelöst, strömend fließend, Dich ergießend, unerschöpflich in Deiner Freude, von Augenblick zu Augenblick, von Beginn zu Beginn.»

Sei wie die Katze

Gestern schrieb ich, vor dem Kaminfeuer versunken, dieses Gedicht über eine Katze; irgendeine Hauskatze, die auf einem Bauernhof lebt. Sie steht als Symbol für das Haustier Mensch, das die freie Entfaltung seiner Natur genauso benötigt wie die Katze.

Die Katze

Wen rufst du?
Weißt du, wer da atmet?
Ist das Auge die Sehnsucht?
Ist das Ohr die Melodie?

Fragen suchen keine Antwort,
im Heu schlummert die Katze,
sie kennt keine Sehnsucht.

Sie hat keine Vergangenheit,
sie atmet den Wald,
sie erschnüffelt den Sommer,
sie frißt das Knacken des Holzes,
sie springt über den Plan,
sie fällt in die Schlucht,
sie fliegt über die Täler,
sie krallt sich in das Laub
und geht in die Stube,
mit hocherhobenem Schwanz.

«Wen rufst du?» Frage dich selbst, um mehr über dich zu erfahren. Überlasse dich deinen spontanen Gedanken, Gefühlen und Sehnsüchten. Wen rufst du jetzt in diesem Moment? Warum? «Ist das Auge die Sehnsucht? Ist das Ohr die Melodie?» Das Auge ist nicht die Sehnsucht, sie kommt aus dem Gehirn, aus der Welt der Gedanken, Pläne und Begierden. Das Auge betrachtet den Himmel, das Gras und die Bäume, die anderen Menschen, Häßlichkeit und Schönheit, ohne Gier nach Besitz. Das Ohr ist nicht die Melodie, die Gehörmuschel empfängt Signale, erst der Geist ist der Verursacher von Sehnsüchten, Hoffnungen, Melodien, Lebensphilosophien, Religionen und Sinnschöpfungen. Sei nur Auge und Ohr, und vergiß die Sehnsucht, suche nicht das Bekannte, das ist wirkliche Offenheit der Sinne – Sensitivität, die Liebe zur Umwelt ermöglicht.

Das Holz knistert im Kamin, und die Flammen schlagen in die Höhe. Das Feuer bildet rasch wechselnde Figuren, Fiktionen und Bedeutungen, die in den Abzug hineinzüngeln. Ich werfe alle Ängste, Ideale, Erwartungen, Dogmen, Sehnsüchte und Wertungen ins Feuer.

«Fragen suchen keine Antwort, im Heu schlummert die Katze», wunderbare Ruhe breitet sich um sie aus. Das kann jeder bei sich selbst beobachten, schlummernde Tiere und Kinder strahlen einen seltsamen, überströmenden, sanften Frieden aus. Die Vergangenheit der Katze ist verflüchtigt, sie ist vorüber, sie ist «gestorben», «verbraucht», ihr Leben geht nach dem Schlaf in reine Gegenwart über, sie «atmet den Wald», das ist alles – mehr ist nicht nötig, um glücklich zu sein –, atme den Wald, alles, was dazugehört, den Duft, die Kühle, das Rauschen der Tannen, das Glucksen des nahen Baches.

Die Katze «erschnüffelt den Sommer, sie frißt das Knacken des Holzes», sie nimmt den Sommer total in sich auf, sie frißt ein Geräusch, ihre Sinne fließen zusammen. Das ist Sensitivität, in der Liebe auftaucht, eine wunderbare Totalität des Empfangens. Die ganze Welt fließt in die Seele hinein, ein intensives Empfangen, ein großer Reichtum streichelt meine Seele: Liebe strömt hinein und fließt als Liebe, die gegeben wird, ohne Absicht oder gar Berechnung zwanglos wieder heraus. «Ich empfinde Liebe, und das ist gar nichts Besonderes, das ist doch ganz natürlich», sagte mir ein Schafhirte der Schwäbischen Alb in Urspring bei Blaubeuren. Das ist «natürlich», wenn man so viel Liebe durch Sensitivität empfängt. Die Liebe fließt durch Seele und Geist nur hindurch und tritt seelisch transformiert wieder heraus.

Die Katze «springt über den Plan», sie springt darüber hinweg, sie läßt sich vom Plan nicht beeindrucken, er hat für sie keine Bedeutung. Sie ist losgelöst von allen Zielen, Normen und Systemen, «sie fällt in die Schlucht» mit ihren Augen und «fliegt über die Täler», sie überwindet alle Schwerkraft, sie löst sich vom Körper, denn Seele und Sinne sind zwar im Körper eingebettet, aber sie sind frei, können sich lösen, sie erleben ihre eigenen Abenteuer, wenn sie den trägen Körper zurücklassen. Alle erleuchteten Philosophen und Künstler sprechen davon, daß sie den Körper verlassen haben, daß sie über den Körper hinausgelangt sind. Der Körper ist nur noch ein Medium, ein Resonanzboden, über den Eindruck und Ausdruck vibrierend hinwehen. Die Schwingungen der Eindrücke gehen in Tanz über, der Erleuchtete springt über alle Pläne und fliegt durch die Täler, atmet den Wald und umarmt den Teufel. Katzen sind erleuchtete Wesen, sie müssen nichts dafür tun, sie sind von nichts entfremdet. Dieser Seins- und Glückszustand dauert nicht an, denn es gibt keine Konstanz, alles verändert sich, Tag und Nacht, Schlaf und Aktivität, Kreativität und Ruhe.

Die Katze «krallt sich in das Laub», sie kehrt aus den Schluchten, Wäldern und Sommerweiden zurück, sie «geht in die Stube, mit hocherhobenem Schwanz». Sie sagt: «Hier bin ich wieder. Ich komme jetzt zurück, es war herrlich, ich war glücklich, jetzt bin ich wieder für einige Stunden hier.» Sie fragt die Menschen mit verwundertem Blick: «Wen rufst du?»

Kein Rufen ist nötig. Alles ist in Fülle vorhanden. Du mußt nichts suchen, denn die Antwort strömt in dich hinein, schlummere voll Vertrauen im Heu, atme den Wald, erschnüffle den Sommer, fliege über die Täler, und spüre den Wind in den Händen.

Die Wolkenzeichnungen

Die Tintenzeichnungen über Wolkenbildungen sind in den vergangenen beiden Jahren entstanden; ich wählte sie als Illustrationen für dieses Buch aus, weil Wolken in ihrer zarten Vergänglichkeit Gelassenheit symbolisieren: Sie ziehen am Himmel dahin, über Landschaften hinweg, duftige, luftige Gebilde in stets wechselnden Formen. Der Mensch projiziert viele Deutungen in sie hinein, Gesichter, Gnome, Schlachten, Gelächter, Liebe, Bedrohung, Hoffnung und Freude – den Wolken ist das egal, sie ziehen weiter zum Horizont, den Bergen und dem Meer entgegen, manchmal sind sie dick, voll und schwer –, es regnet. Wassernebel aber steigt verdunstend wieder auf, und neue Wolkengebilde entstehen, von der Sonne gewärmt, verdunstet die Fülle, von ihresgleichen beschattet, bildet sich erneut die Regenschwere, die Wolke grübelt nicht über die Zeit, sie entsteht, vergeht und bildet sich neu.

Statt eines Nachworts

Schnee knirscht,
Mittagssonne wärmt den Abdruck.
Ich bin nicht mehr hier,
bin längst geschmolzen,
während du mich suchst.

Morgen kehr ich zurück,
ohne Spuren zu hinterlassen,
bin so sanft wie das Licht
zwischen den Tannen,
bin still wie die Ähre im Feld,
bin ohne Druck,
wie Seerosenblätter im Teich.

Die Anschrift des Autors

Peter Lauster
Lüderitzstr. 2

5000 Köln 60

Wenn Sie konstruktive Kritik üben wollen, eigene Vorschläge machen möchten oder Erfahrungen gesammelt haben, die für ein späteres Buch für den Autor interessant sein könnten, dann können Sie gerne schreiben. Eine briefliche Beratung bei psychischen Problemen, bitte haben Sie dafür Verständnis, ist leider nicht möglich.

Literaturverzeichnis

ARDREY, ROBERT: *Der Gesellschaftsvertrag*, München 1974
BENEDICT, RUTH: *Urformen der Kultur*, Reinbek bei Hamburg 1955
BÖLL, HEINRICH / LINDER, CHRISTIAN: *Drei Tage im März*, Köln 1975
BOREL, HENRI: *Wu-Wei. Laotse als Wegweiser*, Engelberg 1982
BRØGGER, SUZANNE: *... sondern erlöse uns von der Liebe*, Düsseldorf 1978
DUHM, DIETER: *Angst im Kapitalismus*, Lampertheim 1972
DUHM, DIETER: *Der Mensch ist anders*, Lampertheim 1975
FECHNER, G. TH.: *Zur experimentellen Ästhetik, 1. Teil*, Leipzig 1871
FREUD, ANNA: *Das Ich und die Abwehrmechanismen*, München 1973
FRIED, ERICH: *Lebensschatten*, Berlin 1981
FRIED, ERICH: *Zur Zeit und zur Unzeit*, Köln 1981
FROMM, ERICH: *Der moderne Mensch und seine Zukunft*, Frankfurt 1960
FROMM, ERICH: *Anatomie der menschlichen Destruktivität*, Stuttgart 1974
FROMM, ERICH: *Haben oder Sein*, Stuttgart 1976
FROMM, ERICH: *Die Kunst des Liebens*, Frankfurt 1979
FROMM, ERICH: *Die Furcht vor der Freiheit*, Frankfurt 1980
GABISCH, EVA: *Chinesische Malerei*, Düsseldorf 1978
GIBRAN, KHALIL: *Das Khalil Gibran Lesebuch*, Freiburg 1983
HARRIS, THOMAS A.: *Ich bin o. k.*, Reinbek bei Hamburg 1973
HESSE, HERMANN: *Lektüre für Minuten*, Frankfurt 1977
HESSE, HERMANN: *Die Kunst des Müßiggangs*, Frankfurt 1973
JUNG, CARL GUSTAV: *Über die Psychologie des Unbewußten*, Frankfurt 1977
JUNGK, ROBERT: *Plädoyer für eine humane Revolution*, Zürich 1975
KAMIN, LEON: *The Science and Politics of IQ*, LEA Publishers, New York 1974
LAUSTER, PETER: *Selbstbewußtsein kann man lernen*, München 1974
LAUSTER, PETER: *Statussymbole*, Stuttgart 1975
LAUSTER, PETER: *Lassen Sie sich nichts gefallen*, Düsseldorf 1976
LAUSTER, PETER: *Die Liebe*, Düsseldorf 1980
LAUSTER, PETER: *Lassen Sie der Seele Flügel wachsen*, Düsseldorf 1978
LAUSTER, PETER: *Lebenskunst*, Düsseldorf 1982
LEMPP, REINHART: *Problemkinder*, München 1977
LE SHAN, LAWRENCE: *Psychotherapie gegen den Krebs*, Stuttgart 1982
LINDBERGH, A. M.: *Muscheln in meiner Hand*, München 1962
LORENZ, KONRAD: *Das sogenannte Böse*, Wien 1963
LUDLOFF, JEAN: *Auf der Suche nach dem verlorenen Glück*, München 1980
MARCUSE, HERBERT: *Der eindimensionale Mensch*, Neuwied und Berlin 1967
MASLOW, A. A.: *Motivation and Personality*, New York 1954

Materialsammlung IV zur Enquête über die Lage der Psychiatrie in der BRD, Bd. 17, 1974
MEAD, MARGARET: *Cooperation and Competition Among Primitive Peoples,* New York 1937
MILLER, ALICE: *Das Drama des begabten Kindes,* Frankfurt 1979
MILLER, HENRY: *Stille Tage in Clichy,* Reinbek bei Hamburg 1980
MITSCHERLICH, ALEXANDER: *Der Kampf um die Erinnerung,* München 1975
MURDOCK, G. P.: *Our Primitive Contemporaries,* New York 1934
NANCE, JOHN: *The gentle Tasaday,* New York 1972
NEILL, A. S.: *Theorie und Praxis der antiautoritären Erziehung,* Reinbek bei Hamburg 1969
PERLS, FREDERICK S.: *Gestalttherapie in Aktion,* Stuttgart 1969
PERLS, FREDERICK S.: *Gestalt-Therapie,* Stuttgart 1979
PLACK, ARNO: *Die Gesellschaft und das Böse,* München 1967
RAUTER, E. A.: *Brief an meine Erzieher,* München 1979
SCHULT, PETER: *Besuche in Sackgassen,* Essen 1978
SELYE, HANS: *Streß beherrscht unser Leben,* Düsseldorf 1957
TWEEDIE, IRINA: *Wie Phönix aus der Asche,* München 1982
ZORN, FRITZ: *Mars,* München 1977

Peter Lauster

Liebeskummer als Weg der Reifung

160 Seiten mit 25 Aquarellen, gebunden mit Schutzumschlag

Trennungen und die damit verbundenen Trennungsschmerzen erleben die meisten Menschen in ihrem Leben zumindest einmal. Liebe führt eben nicht immer zur beglückenden Erfüllung einer Partnerbeziehung, sondern ist oft auch mit Liebeskummer verbunden, und dieser wiederum wird häufig als auswegloser Schicksalsschlag empfunden. Mit diesem schmerzlichen Problem kann man jedoch kreativ umgehen. Psychologisch gesehen liegt im Durchleben von Trennungen die Chance, innerlich zu wachsen und zu reifen.
Diesen Lernprozeß vermittelt Peter Lauster auf einfühlsame und behutsame Weise. Er will sein Buch nicht als Lebenshilferatgeber verstanden wissen, sondern als Angebot zum Nachdenken über innere Entwicklungsmöglichkeiten, das jeder wahrnehmen kann, der zum Dialog mit sich selbst bereit ist.

Peter Lauster

Peter Lauster, 1940 in Stuttgart geboren, studierte Psychologie, Philosophie, Anthropologie und Kunstgeschichte. Seit 1971 leitet der Diplompsychologe die «Praxis für psychologische Diagnostik und Beratung». Seine Bücher erreichen allein in Deutschland eine Auflage von über 2 Millionen Exemplaren.

Die Liebe *Psychologie eines Phänomens*
(rororo sachbuch 7677)
Peter Lauster befreit die Liebe von einengenden Mythen und bringt vorsichtige Hinweise, wie wir mit unserem Liebesgefühl und der damit verbundenen Verlustangst, Eifersucht, Verletzlichkeit, aber auch mit Sehnsucht, Freude und Fülle umgehen können.

Lassen Sie der Seele Flügel wachsen *Wege aus der Lebensangst*
(rororo sachbuch 7361)
Lausters Schilderungen von konkreten Versuchen wie auch sehr persönlicher Erfahrungen machen Mut, den eigenen individuellen Weg zu suchen.

Die sieben Irrtümer der Männer
(rororo sachbuch 8499)
Peter Lauster macht an vielen Beispielen deutlich, daß wahre Männlichkeit nicht irgendwo zwischen ‹Macho› oder ‹Softy› liegt, sondern der Mut zur Selbstfindung ist.

Liebesgefühle *Texte und Bilder*
(rororo sachbuch 8365)
«Wenn ich von der Liebe spreche, meine ich die Liebe zur und von der gesamten Natur. Wir bekommen täglich Liebe von der Sonne, von den Pflanzen, von den Tieren – viele sind seelisch stumpf gegenüber dieser Energie.»

rororo sachbuch

Wege zur Gelassenheit
Souveränität durch innere Unabhängigkeit und Kraft
(rororo 7961)
In diesem Buch weckt Peter Lauster die Bereitschaft, sich zu öffnen, um die Umwelt und die Mitmenschen unvoreingenommen wahrnehmen zu können.

«Meine Texte möchten die schöpferischen Kräfte und Energien in jedem Leser erwecken, tiefer zu sich selbst zu gelangen und die eigene Freiheit, Autonomie und Souveränität zu begreifen und freizulegen.» Peter Lauster

Körper und Gesundheit

Frederic F. Flach
Depression als Lebenschance *Seelische Krisen und wie man sie nutzt*
(rororo sachbuch 7168)

Jennifer James
Trübe Tage *Wege aus dem weiblichen Stimmungstief*
(rororo sachbuch 8840)
Dieses leicht zugängliche, praktische Buch wendet sich an alle Frauen, die sporadisch in leichte Depressionen verfallen und immer wieder von Melancholie und Mutlosigkeit eingeholt werden und beschreibt mit Humor und Selbstironie wie "frau" dagegen angehen kann.

Was wir alles schlucken *Zusatzstoffe in Lebensmitteln*
Herausgegeben von der KATALYSE Institut für angewandte Umweltforschung
(rororo sachbuch 8465)

Gunter Schmidt
Das große Der Die Das *Über das Sexuelle*
(rororo sachbuch 8459)

Sexualität *Ein EMMA-Buch*
Herausgegeben von Alice Schwarzer
(rororo sachbuch 7830)
Was hat die Revolte der Frauen gegen ihre Rolle in der Sexualität gebracht? Die EMMA-Frauen ziehen Bilanz: erotisch und analytisch, phantasievoll und kritisch zugleich.

H. Hemminger / V. Becker
Wenn Therapien Schaden *Kritische Analyse einer psychotherapeutischen Fallgeschichte*
(rororo sachbuch 9137)

rororo sachbuch

Ursula Lambrou
Familienkrankheit Alkoholismus *Im Sog der Abhängigkeit*
(rororo sachbuch 8771)
Alkoholismus ist eine Familienkrankheit: Erst langsam wird die volle Bedeutung dieses Satzes auch hierzulande einer breiteren Öffentlichkeit bewußt. Die Autorin, Pädagogin mit psychologischer Ausbildung in den USA, hat das erste deutsche Buch zu diesem wichtigen Thema geschrieben.

Sämtliche Bücher und Taschenbücher zum Thema finden Sie in der *Rowohlt Revue*. Jedes Vierteljahr neu. Kostenlos in Ihrer Buchhandlung.